마음과 생각의 기술을 배워요

어린이를 위한 사회 인지 수업 2

예꿈

❝책 소개❞

    아이들은 세상을 배우는 과정에서 수많은 질문을 던지고, 다양한 상황에 부딪히며 성장합니다. 하지만 그 과정에서 논리적 사고와 공감 능력을 체계적으로 배우는 기회는 많지 않습니다. 저는 아이들이 단순히 '옳고 그름'을 배우는 것을 넘어, 왜 그렇게 생각해야 하는지, 어떻게 타인을 이해하고 배려할 수 있는지를 고민하며 성장하길 바랍니다.

    그래서 이 책은 아이들이 일상에서 마주치는 다양한 상황을 통해 생각하는 힘, 판단하는 힘, 그리고 공감하는 마음을 키울 수 있도록 구성했습니다. 이 책을 통해 아이들이 스스로 세상을 탐구하고, 타인과 조화롭게 살아가며, 더 나아가 따뜻한 마음으로 세상을 변화시킬 수 있는 사람으로 성장하길 응원합니다!

2025년 봄, 이다원

❝사회 인지 능력❞

본 교재에서 다루는 사회 인지 제반 능력은 다음과 같습니다.

01. 상황 분석 및 판단 학습

    이 영역은 주변에서 일어나는 다양한 사회적 상황을 올바르게 인식하고, 그 안에서 적절한 판단을 내리는 능력을 키워줍니다. 상황을 파악하고 판단하는 과정에서 타인의 의도와 감정, 맥락에 대한 이해력이 향상되며, 이는 사회인지의 핵심 요소인 사회적 정보 처리 능력을 강화하는 데 중요한 역할을 합니다.

02. 사회 규칙 및 예절 학습

사회적 규범과 기대를 배우고 실천하는 것은 사회적 적응 능력의 기초입니다. 아이가 규칙과 예절을 이해하게 되면, 다른 사람들과의 상호작용에서 예측 가능한 행동을 하고 신뢰를 형성할 수 있습니다.

03. 공감 능력 학습

공감은 사회인지 발달의 핵심 요소 중 하나로, 타인의 감정을 인식하고 그 감정에 반응하는 능력입니다. 공감 능력이 발달한 아이는 타인의 관점에서 상황을 바라보는 능력이 뛰어납니다. 복잡하고 다양한 상황 속에서 자신과 타인의 생각과 감정을 균형있게 이해하고 조율할 수 있는 능력을 기르는 연습이 필요합니다.

04. 비판적 사고 및 추론 학습

이 능력은 단순히 정보를 수용하는 데 그치지 않고, 정보를 분석하고 타당성을 검토하며 결론을 도출하는 사고 과정을 가능하게 합니다. 이러한 사고는 편견이나 고정관념에 휘둘리지 않고 보다 유연하고 공정한 판단을 내리도록 돕습니다. 결과적으로 이는 사회적 문제 해결력과 자기 주도적 사고력을 높이는 데 기여합니다.

05. 시간 관리 및 계획 학습

시간을 효율적으로 분배하고 활동의 우선순위를 정하는 능력은 실행 기능의 핵심입니다. 아이가 계획을 세우고 스스로 실천해보는 경험은 자기조절 능력을 높여줍니다. 특히 또래와 함께 생활하는 환경(학교, 놀이 등)에서는 상황에 맞는 시간 사용, 공동의 규칙에 따른 행동 조절이 중요하며, 이는 사회적 맥락 속에서 자신의 역할과 책임을 인식하고 사회적 기대에 맞춰 행동하는 능력으로 이어집니다. 또한 계획 세우기 학습은 원인과 결과를 예측하고 판단하는 사고력과 연결되어, 복잡한 사회적 상황에서 합리적인 선택을 할 수 있는 기반을 마련해줍니다.

책의 구성 및 목차

01 대화가 이상해 p6

대화를 읽고 상황에 맞는 적절한 언어의 사용을 판단하는 과제입니다. 상대방의 입장을 고려하여 대화하는 공감 능력을 기를 수 있습니다. 또한 맞장구, 존댓말 등의 적절한 예절을 배울 수 있습니다.

 사회 인지 | 대화 예절   공감 능력   상황 판단력

02 단짝단짝 일기 p32

일기를 읽고 긍정적인 일과 부정적인 일을 구분하는 과제입니다. 타인의 경험을 이해하고 공감하는 능력을 향상시키며 더 나아가 자신의 경험을 돌아보고 표현하는 능력을 기를 수 있습니다.

 사회 인지 | 감정 인식   자기 인식   상황 판단력   공감 능력

03 뭐부터 할까? p54

주어진 상황에 맞춰 적절하게 계획을 세우는 과제입니다. 시간을 효율적으로 관리하는 방법을 배울 수 있습니다. 나아가 중요한 일과 그렇지 않은 일을 구분하고 우선순위를 정하는 능력을 기를 수 있습니다.

 사회 인지 | 시간 관리   계획 수립   우선 순위 판단

04 시간 가늠하기 p70

각각의 활동에 소요되는 시간을 이해하고 비교하는 과제입니다. 일상에서 흔히 접하는 활동을 통해 정확한 시간을 모르더라도 대략적인 소요 시간을 추정하는 능력을 기를 수 있습니다. 더불어 비교 및 분류하는 방법을 배울 수 있습니다.

사회 인지   시간 관리   비교 및 분류   추정 능력

05 질문하기 p82

상황을 고려하여 질문의 적절성을 판단하는 과제입니다. 상황에 맞게 적절하게 행동하고 의사소통하는 방법을 배울 수 있습니다. 또한 사적인 질문을 하지 않는 등의 예의를 익힐 수 있습니다.

사회 인지   상황 판단력   사회적 예의 이해   공감 능력

06 마음 처방전 p94

주어진 글을 읽고 타인의 고민을 이해하고 감정을 인식한 뒤 적절한 해결책을 찾는 과제입니다. 다양한 상황에서 발생할 수 있는 감정을 이해하고, 문제를 해결할 수 있는 창의적인 방법을 배울 수 있습니다.

사회 인지   감정 인식   공감 능력   문제 해결력   창의적 사고

01

대화가 이상해

대화 예절   공감 능력   상황 판단력

사람들이 많은 곳에서 방귀를 뿡뿡 뀌지 않지요?
그 이유는 사람이 많은 곳에서 지켜야할 예절이 있기 때문이에요.

대화를 할 때도 예절이 필요해요.
맞장구도 쳐야 하고, 기분이 상하는 표현은 사용하지 않아야 해요.
문제를 풀며 다양한 대화 예절을 배워 봐요!

대화가 이상해

1. 대화를 읽고 문제에 답하세요.

1) 대화에서 어떤 점이 가장 이상한가요?

① 같은 말을 계속 반복한다.
② 친구에게 존댓말을 쓴다.
③ 친구의 말을 끝까지 듣지 않는다.
④ 친구가 관심 없는 말을 한다.

2) 이상한 부분을 알맞은 표현으로 바꾸어 써보세요.

2. 대화를 읽고 문제에 답하세요.

 행복 아파트에 가려면 어디로 가야 하나요?

 이쪽으로 가면 돼요.

 이쪽이 어디인가요?

 이쪽에서 쭉 저기로 가세요.

1) 대화에서 어떤 점이 가장 이상한가요?

① 솔직하게 말하지 않는다.
② 불친절한 말투를 사용한다.
③ 구체적으로 설명하지 않는다.
④ 상대방의 말에 공감하지 않는다.

2) 이상한 부분을 알맞은 표현으로 바꾸어 써보세요.

대화가 이상해

3. 대화를 읽고 문제에 답하세요.

 수정아, 나랑 변신 로봇 만들자!

글쎄, 나는 관심이 없어서. 다른 친구한테 물어봐.

 이거 정말 구하기 힘든 로봇이야. 우리나라에 딱 10개밖에 없어.

그렇구나. 그런데 나는 조립을 잘 못해서 안 하고 싶어.

 백화점에서 2시간이나 줄 서서 산 거야. 그러니까 같이 만들자!

1) 대화에서 어떤 점이 가장 이상한가요?

① 기분 나쁜 표현을 사용한다.
② 구체적으로 설명하지 않는다.
③ 상대방에게 칭찬을 하지 않는다.
④ 상대방에게 자신의 생각을 강요한다.

2) 이상한 부분을 알맞은 표현으로 바꾸어 써보세요.

4. 대화를 읽고 문제에 답하세요.

야! 나 대신 청소 좀 해 줘.
내가 너 대신 숙제 풀어줄게.

그럴 필요 없어. 내 숙제는 내가 할게.

그럼 네가 청소도 하고 숙제도 해!
그럼 됐지?

그게 무슨 말이야.
네 일은 네가 해야지.

1) 대화에서 어떤 점이 가장 이상한가요?

① 상대방에게 자신의 생각을 강요한다.
② 구체적으로 설명하지 않는다.
③ 같은 말을 계속 반복한다.
④ 부탁할 때 존댓말을 사용하지 않는다.

2) 이상한 부분을 알맞은 표현으로 바꾸어 써보세요.

대화가 이상해

5. 대화를 읽고 문제에 답하세요.

엄마!! 이 책 좀 보세요.
저번에 동물원에서 봤던 족제비가 나와요!!

하준아. 여기가 어디지?

도서관이잖아요.

그러면 장소에 알맞은 행동을 하렴!

1) 대화에서 어떤 점이 가장 이상한가요?

① 어른의 허락을 받지 않고 말을 한다.
② 공손하게 말하지 않는다.
③ 질문에 대답하지 않고 자기가 하고 싶은 말만 한다.
④ 공공장소에서 큰 소리로 이야기한다.

2) 이상한 부분을 알맞은 표현으로 바꾸어 써보세요.

6. 대화를 읽고 문제에 답하세요.

1) 대화에서 어떤 점이 가장 이상한가요?

① 구체적으로 설명하지 않는다.
② 상대방의 말을 끊고 자기가 하고 싶은 말만 한다.
③ 같은 말을 계속 반복한다.
④ 상대방에게 칭찬을 하지 않는다.

2) 이상한 부분을 알맞은 표현으로 바꾸어 써보세요.

대화가 이상해

7. 대화를 읽고 문제에 답하세요.

> 지난 주말에 뭐 했어?
>
> …
>
> 나는 가족이랑 산에 갔다 왔어.
>
> 어….

1) 대화에서 어떤 점이 가장 이상한가요?

① 공손하게 말하지 않는다.
② 차례를 지키지 않고 말한다.
③ 상대의 말에 맞장구를 치지 않는다.
④ 솔직하게 말하지 않는다.

2) 이상한 부분을 알맞은 표현으로 바꾸어 써보세요.

8. 대화를 읽고 문제에 답하세요.

 나는 커서 경찰이 되고 싶어.

그런데 너는 힘이 약하잖아.

 우리 엄마가 지금부터 운동하면 힘이 세진다고 했거든?

글쎄…, 안 될 것 같은데….

1) 대화에서 어떤 점이 가장 이상한가요?

① 솔직하게 말하지 않는다.
② 상대방의 말을 끊고 자기가 하고 싶은 말만 한다.
③ 상대의 말에 끼어든다.
④ 상대의 기분이 상하는 말을 한다.

2) 이상한 부분을 알맞은 표현으로 바꾸어 써보세요.

대화가 이상해

9. 대화를 읽고 문제에 답하세요.

1) 대화에서 어떤 점이 가장 이상한가요?

① 차례를 지키지 않고 말한다.
② 상대의 말에 공감해 주지 않는다.
③ 상대방의 노력을 무시한다.
④ 공손한 표현을 사용하지 않는다.

2) 이상한 부분을 알맞은 표현으로 바꾸어 써보세요.

10. 대화를 읽고 문제에 답하세요.

1) 대화에서 어떤 점이 가장 이상한가요?

① 높임말을 대상에 맞지 않게 쓴다.
② 차례를 지키지 않고 말한다.
③ 상대방이 불쾌한 표현을 사용한다.
④ 자세히 설명하지 않는다.

2) 이상한 부분을 알맞은 표현으로 바꾸어 써보세요.

대화가 이상해

11. 대화를 읽고 문제에 답하세요.

1) 대화에서 어떤 점이 가장 이상한가요?

① 상대를 무시하는 말투를 사용한다.
② 구체적으로 설명하지 않는다.
③ 다른 사람의 의견을 듣지 않는다.
④ 솔직하게 말하지 않는다.

2) 이상한 부분을 알맞은 표현으로 바꾸어 써보세요.

12. 대화를 읽고 문제에 답하세요.

1) 대화에서 어떤 점이 가장 이상한가요?

① 상황에 맞지 않는 인사를 한다.
② 공손한 표현을 사용하지 않는다.
③ 상대방의 말을 끊고 자기가 하고 싶은 말만 한다.
④ 차례를 지키지 않고 말한다.

2) 이상한 부분을 알맞은 표현으로 바꾸어 써보세요.

대화가 이상해

13. 대화를 읽고 문제에 답하세요.

1) 대화에서 어떤 점이 가장 이상한가요?

① 상대방의 감정을 살피지 않는다.
② 말을 끝까지 듣지 않는다.
③ 같은 말을 계속 반복한다.
④ 공손한 표현을 사용하지 않는다.

2) 이상한 부분을 알맞은 표현으로 바꾸어 써보세요.

14. 대화를 읽고 문제에 답하세요.

1) 대화에서 어떤 점이 가장 이상한가요?

① 차례를 지키지 않고 말한다.
② 같은 질문을 계속 반복한다.
③ 불필요한 정보를 말한다.
④ 상대의 말을 제대로 듣지 않는다.

2) 이상한 부분을 알맞은 표현으로 바꾸어 써보세요.

대화가 이상해

15. 대화를 읽고 문제에 답하세요.

1) 대화에서 어떤 점이 가장 이상한가요?

① 상대에게 공손한 표현을 사용하지 않는다.
② 질문에 관련 없는 대답을 한다.
③ 상대방의 의견을 무시한다.
④ 상대의 말에 공감해 주지 않는다.

2) 이상한 부분을 알맞은 표현으로 바꾸어 써보세요.

....

16. 대화를 읽고 문제에 답하세요.

1) 대화에서 어떤 점이 가장 이상한가요?

① 같은 말을 계속 반복한다.
② 기분 나쁜 말투를 사용한다.
③ 솔직하게 말하지 않는다.
④ 차례를 지키지 않고 말한다.

2) 이상한 부분을 알맞은 표현으로 바꾸어 써보세요.

대화가 이상해

17. 대화를 읽고 문제에 답하세요.

 수학 시험 너무 어렵지 않아?

하나도 안 어렵던데?

 정말? 나는 너무 어렵던데…. 많이 틀렸을 것 같아.

나는 안 어렵던데?

1) 대화에서 어떤 점이 가장 이상한가요?

① 친구의 말을 끝까지 듣지 않는다.
② 불필요한 정보를 말한다.
③ 상대의 말에 공감해 주지 않는다.
④ 친구에게 높임말을 쓴다.

2) 이상한 부분을 알맞은 표현으로 바꾸어 써보세요.

18. 대화를 읽고 문제에 답하세요.

 소정아. 오늘 너무 열심히 해서 선생님이 사탕 줄게.

 감사합니다. 저 동생이랑 같이 먹고 싶은데 하나만 더 주세요.

 그래. 소정이는 동생도 잘 챙기네! 동생은 잘 계시지?

 그럼요!

1) 대화에서 어떤 점이 가장 이상한가요?

① 질문과 관련 없는 대답을 한다.
② 상대방의 말을 끊는다.
③ 너무 빠른 속도로 말한다.
④ 높임말을 대상에 맞지 않게 쓴다.

2) 이상한 부분을 알맞은 표현으로 바꾸어 써보세요.

대화가 이상해

19. 대화를 읽고 문제에 답하세요.

1) 대화에서 어떤 점이 가장 이상한가요?

　① 상황에 맞지 않는 인사를 한다.
　② 상대방이 알아들을 수 없는 표현을 사용한다.
　③ 공손한 표현을 사용하지 않는다.
　④ 자세히 설명하지 않는다.

2) 이상한 부분을 알맞은 표현으로 바꾸어 써보세요.

20. 대화를 읽고 문제에 답하세요.

 저는 버스를 타는 것이….

 잠깐만요. 저는 버스보다 택시를 타야 한다고 생각합니다.

 왜냐하면 택시가 버스보다 빨리 도착하기 때문입니다.

 그리고 또 택시는 집 앞에서 바로 타고 갈 수 있습니다.

1) 대화에서 어떤 점이 가장 이상한가요?

① 구체적인 이유를 설명하지 않는다.
② 솔직하게 말하지 않는다.
③ 상대의 말을 끝까지 듣지 않고 자기 말만 한다.
④ 같은 말을 계속 반복한다.

2) 이상한 부분을 알맞은 표현으로 바꾸어 써보세요.

대화가 이상해

21. 대화를 읽고 문제에 답하세요.

1) 대화에서 어떤 점이 가장 이상한가요?

① 상대방의 말에 대꾸를 하지 않는다.
② 공손하게 말하지 않는다.
③ 상대방의 의견을 무시한다.
④ 갑작스러운 태도의 변화가 있다.

2) 이상한 부분을 알맞은 표현으로 바꾸어 써보세요.

22. 대화를 읽고 문제에 답하세요.

1) 대화에서 어떤 점이 가장 이상한가요?

① 자신의 의견을 정확하게 말하지 않는다.
② 상대방의 감정을 고려하지 않는다.
③ 질문과 관련 없는 대답을 한다.
④ 높임말을 대상에 맞지 않게 쓴다.

2) 이상한 부분을 알맞은 표현으로 바꾸어 써보세요.

대화가 이상해

23. 대화를 읽고 문제에 답하세요.

1) 대화에서 어떤 점이 가장 이상한가요?

① 솔직하게 말하지 않는다.
② 상대방이 알아들을 수 없는 표현을 사용한다.
③ 상대방의 의견을 무시한다.
④ 차례를 지키지 않고 말한다.

2) 이상한 부분을 알맞은 표현으로 바꾸어 써보세요.

24. 대화를 읽고 문제에 답하세요.

 내일 미술관 갈 거야?

 글쎄 갈 수도 있고 안 갈 수도 있고.

 지금 알려줘야 예매할 수 있어.

 잘 모르겠는데….

1) 대화에서 어떤 점이 가장 이상한가요?

① 자신의 의견을 정확하게 말하지 않는다.
② 상대방의 말을 끝까지 듣지 않는다.
③ 질문에 관련 없는 대답을 한다.
④ 불필요한 정보를 말한다.

2) 이상한 부분을 알맞은 표현으로 바꾸어 써보세요.

02
단짠단짠 일기

감정 인식   자기 인식   상황 판단력   공감 능력

달콤한 꿀처럼 즐거운 일이 매일매일 생기면 너무 좋겠지요.
하지만 짜디짠 소금처럼 슬프고 화나는 일도 많이 생겨요.
달콤한 일도 슬픈 일도 있기에 우리의 삶이 더 다채로워지지요.

문제를 풀며 친구들이 겪은 즐겁고 행복한 경험은 단 으로,
속상하고 화나는 일은 짠 으로 구별해 봐요!

단짠단짠 일기

1. 친구의 일기를 읽고 문제에 답하세요.

> 새로 산 운동화를 신고 학교에 갔다. 친구들이 멋지다고 얘기해 줘서 기분이 좋았다. 쉬는 시간에 친구들과 놀다 운동화가 더러워졌다. 집에 돌아와서 엄마한테 말했더니, 걱정 말라고 하셨다. 엄마가 칫솔을 가져와서 문지르자 새것처럼 깨끗해졌다. 휴, 정말 다행이다. 엄마 최고!

1) 친구의 일기에서 **단** 에 해당하는 부분을 찾아 써보세요.

....
....

2) 친구의 일기에서 **짠** 에 해당하는 부분을 찾아 써보세요.

....
....

3) 일기 속 내용과 비슷한 나의 경험을 써보세요.

....

2. 친구의 일기를 읽고 문제에 답하세요.

줄넘기 대회가 3일 남았다. 매번 줄에 걸려서 50개 이상 못했는데, 오늘은 한번도 안 걸리고 100개를 넘었다. 너무 뿌듯해서 아빠에게 자랑을 했다. 아빠가 고생했다며 새로 나온 과자를 사주셨다. 몰래 과자를 먹었는데, 바닥에 떨어진 부스러기 때문에 엄마에게 들켜서 혼났다. 엄마가 밥 먹기 전에는 과자를 먹지 말라고 하셨다.

1) 친구의 일기에서 **단** 에 해당하는 부분을 찾아 써보세요.

....

....

2) 친구의 일기에서 **짠** 에 해당하는 부분을 찾아 써보세요.

....

....

3) 일기 속 내용과 비슷한 나의 경험을 써보세요.

....

단짠단짠 일기

3. 친구의 일기를 읽고 문제에 답하세요.

반 친구들과 용마산에 다녀왔다. 정상까지 올라가는 길이 울퉁불퉁해서 힘들었다. 하지만 친구들과 함께 노래도 부르고 간식도 먹어서 재미있었다. 정상에 도착하자 마을이 한눈에 들어왔다. 우리 집도 보였고, 학교도 보였다. 다음에 가족들하고도 같이 올라가야겠다.

1) 친구의 일기에서 **단** 에 해당하는 부분을 찾아 써보세요.

....

....

2) 친구의 일기에서 **짠** 에 해당하는 부분을 찾아 써보세요.

....

....

3) 일기 속 내용과 비슷한 나의 경험을 써보세요.

....

4. 친구의 일기를 읽고 문제에 답하세요.

　　집에서 학교까지 걸어가려면 횡단보도를 3번이나 건너야 한다. 오늘은 신기하게 내가 횡단보도에 도착할 때마다 초록불로 바뀌었다. 그래서 신호를 한 번도 안 기다리고 학교에 도착했다. 그런데 급식은 내가 제일 싫어하는 브로콜리와 생선조림, 된장국이 동시에 나왔다. 우엑 다 맛없어! 급식에 피자랑 스파게티가 나왔으면 좋겠다.

1) 친구의 일기에서 **단** 에 해당하는 부분을 찾아 써보세요.

　　．．

　　．．．

2) 친구의 일기에서 **짠** 에 해당하는 부분을 찾아 써보세요.

　　．．．

　　．．．

3) 일기 속 내용과 비슷한 나의 경험을 써보세요.

　　．．．

단짠단짠 일기

5. 친구의 일기를 읽고 문제에 답하세요.

> 학교에서 체육 대회를 했다. 달리기 시합에서 1등으로 들어왔다. 너무 신나서 친구들에게 자랑하러 가다 넘어져 무릎을 다쳤다. 학교에서는 금메달을 받을 생각에 아픈 줄도 몰랐는데, 집에 오니 무릎이 아팠다. 아빠가 연고를 발라주시고 기특하다고 피자도 시켜주셨다.

1) 친구의 일기에서 단 에 해당하는 부분을 찾아 써보세요.

....

....

2) 친구의 일기에서 짠 에 해당하는 부분을 찾아 써보세요.

....

....

3) 일기 속 내용과 비슷한 나의 경험을 써보세요.

....

6. 친구의 일기를 읽고 문제에 답하세요.

> 시골에서 할머니가 키우던 강아지가 새끼를 낳았다. 너무 귀여워서 집에 데려가자고 엄마를 졸랐다. 엄마가 처음에는 안된다고 했는데, 나중에는 허락해 주셨다. 집에 오는 동안 강아지가 내 무릎에서 잠든 모습을 보니 정말 귀여웠다. 그런데 밤에 강아지가 계속 짖어서 잠을 한숨도 못 잤다. 아마도 할머니와 헤어지고 모르는 곳에 와서 무서웠나 보다.

1) 친구의 일기에서 **단** 에 해당하는 부분을 찾아 써보세요.

....

....

2) 친구의 일기에서 **짠** 에 해당하는 부분을 찾아 써보세요.

....

....

3) 일기 속 내용과 비슷한 나의 경험을 써보세요.

....

단짠단짠 일기

7. 친구의 일기를 읽고 문제에 답하세요.

> 학교에서 장기자랑 대회를 했다. 열심히 준비한 노래를 불렀는데 긴장해서 중간에 가사를 까먹었다. 너무 창피했지만 친구들이 응원해 줘서 끝까지 불렀다. 아쉽게 상은 못 탔지만 선생님께서 용기 있다고 칭찬해 주셨다.

1) 친구의 일기에서 **단** 에 해당하는 부분을 찾아 써보세요.

....

....

2) 친구의 일기에서 **짠** 에 해당하는 부분을 찾아 써보세요.

....

....

3) 일기 속 내용과 비슷한 나의 경험을 써보세요.

....

8. 친구의 일기를 읽고 문제에 답하세요.

  집에서 버스 정류장까지 뛰어갔는데 눈앞에서 버스가 가버렸다. 한 번 놓치면 20분이나 기다려야 해서 진짜 짜증 났다. 한참을 기다리는데 최신형 전기 버스가 도착했다. 타보고 싶었던 버스였는데 진짜 신났다! 일반 버스랑 다르게 엄청 조용히 달려서 신기했다. 다음에도 전기 버스를 타면 좋겠다.

1) 친구의 일기에서 단 에 해당하는 부분을 찾아 써보세요.

....

....

2) 친구의 일기에서 짠 에 해당하는 부분을 찾아 써보세요.

....

....

3) 일기 속 내용과 비슷한 나의 경험을 써보세요.

....

단짠단짠 일기

9. 친구의 일기를 읽고 문제에 답하세요.

> 모아둔 용돈을 가지고 서점에 가서 사고 싶었던 만화책을 샀다. 집에 돌아오는 버스에 책을 두고 내렸다. 너무 속상했지만 버스 기사님이 친절하게 찾아주셔서 다행이었다. 다음부터는 조심해야겠다.

1) 친구의 일기에서 **단** 에 해당하는 부분을 찾아 써보세요.

....

....

2) 친구의 일기에서 **짠** 에 해당하는 부분을 찾아 써보세요.

....

....

3) 일기 속 내용과 비슷한 나의 경험을 써보세요.

....

10. 친구의 일기를 읽고 문제에 답하세요.

> 추석이라 할머니 댁에 다녀왔다. 친척들과 모여서 갈비, 송편, 전, 식혜, 약과를 먹었다. 삼촌들한테 용돈도 많이 받았다. 그런데 돌아오는 길에 차가 너무 막혀서 5시간이나 걸렸다. 차에서 아빠가 재미있는 이야기를 해주셔서 지루하지 않게 집에 도착했다.

1) 친구의 일기에서 **단** 에 해당하는 부분을 찾아 써보세요.

....

....

2) 친구의 일기에서 **짠** 에 해당하는 부분을 찾아 써보세요.

....

....

3) 일기 속 내용과 비슷한 나의 경험을 써보세요.

....

단짠단짠 일기

11. 친구의 일기를 읽고 문제에 답하세요.

> 학교 텃밭에서 키운 상추를 처음으로 수확했다. 내가 직접 기른 채소라 뿌듯했다. 상추를 가방에 넣어놨는데, 책에 눌려서 상추가 다 찢어졌다. 엄마가 비빔밥에 넣을 땐 원래 상추를 찢어야 한다고 하셨다. 내가 기른 상추를 넣은 비빔밥을 다 같이 나눠 먹었다. 아빠가 먹어본 비빔밥 중에 최고로 맛있다고 했다.

1) 친구의 일기에서 **단** 에 해당하는 부분을 찾아 써보세요.

....

....

2) 친구의 일기에서 **짠** 에 해당하는 부분을 찾아 써보세요.

....

....

3) 일기 속 내용과 비슷한 나의 경험을 써보세요.

....

12. 친구의 일기를 읽고 문제에 답하세요.

> 선생님께서 다음 주부터 방학이라고 말씀하셨다. 드디어! 학교에 안 가도 된다니, 야호! 그런데 이번 여름방학은 20일 밖에 되지 않는다고 했다. 한 달은 쉬는 줄 알았는데 정말 짧다. 게다가 책을 읽어 오는 숙제까지 있다. 읽어야 하는 책 목록을 보니 5권 중에 4권이나 이미 읽었던 책이다. 완전 이득이다!

1) 친구의 일기에서 **단** 에 해당하는 부분을 찾아 써보세요.

....

....

2) 친구의 일기에서 **짠** 에 해당하는 부분을 찾아 써보세요.

....

....

3) 일기 속 내용과 비슷한 나의 경험을 써보세요.

....

단짠단짠 일기

13. 친구의 일기를 읽고 문제에 답하세요.

> 선생님께서 졸업앨범에 넣을 단체사진을 찍는다고 알려주셨다. 예쁘게 나오고 싶어서 엄마가 만들어 주신 조끼를 입고 갔다. 친구들이 조끼가 너무 멋지다고 해줬다. 사진을 찍는 순간 재채기가 나와서 눈을 감은 채로 찍혔다. 선생님께서 사진을 보고 웃으시며 다시 찍자고 하셨다. 두 번째 찍을 때는 눈을 부릅뜨고 제대로 찍어서 다행이었다.

1) 친구의 일기에서 단 에 해당하는 부분을 찾아 써보세요.

....

....

2) 친구의 일기에서 짠 에 해당하는 부분을 찾아 써보세요.

....

....

3) 일기 속 내용과 비슷한 나의 경험을 써보세요.

....

14. 친구의 일기를 읽고 문제에 답하세요.

> 학원에서 공부를 하는데, 갑자기 비가 내리기 시작했다. 우산도 없는데 번개까지 치고 비가 그칠 것 같지 않았다. 학원 선생님께서 비가 그칠 때까지 잠시 기다리라고 하셨다. 빨리 집에 가고 싶었는데 어쩔 수 없이 참았다. 잠시 뒤 선생님께서 피자를 시켜 주셨다. 내가 좋아하는 고구마 피자라서 더 좋았다.

1) 친구의 일기에서 **단** 에 해당하는 부분을 찾아 써보세요.

....

....

2) 친구의 일기에서 **짠** 에 해당하는 부분을 찾아 써보세요.

....

....

3) 일기 속 내용과 비슷한 나의 경험을 써보세요.

....

단짠단짠 일기

15. 친구의 일기를 읽고 문제에 답하세요.

> 이집트에 대해 조사하는 숙제가 있어서 도서관에 갔다. 빌리려던 책이 다행히 한 권 남아있었다. 기분 좋게 대출을 하려는데 도서관 카드를 집에 두고 왔다. 집에 다녀오는 동안 다른 사람이 책을 빌리면 어쩌나 걱정이 됐다. 사서 선생님께서 이번만 특별히 빌려줄 테니 이름과 전화번호를 쓰고 가라고 하셨다. 하마터면 숙제를 못할 뻔했다. 앞으로 도서관 카드를 잘 챙겨야겠다.

1) 친구의 일기에서 **단** 에 해당하는 부분을 찾아 써보세요.

....

....

2) 친구의 일기에서 **짠** 에 해당하는 부분을 찾아 써보세요.

....

....

3) 일기 속 내용과 비슷한 나의 경험을 써보세요.

....

16. 친구의 일기를 읽고 문제에 답하세요.

> 오랜만에 가족 여행을 갔다. 펜션에 수영장도 있고 침대도 푹신해서 너무 좋았다. 펜션이 집이었으면 좋겠다고 생각했다. 근처에 맛집이 있다고 해서 가보려 했는데 문이 닫혀있어서 못 먹었다. 다음날 새벽에 아빠가 깨워서 너무 힘들었다. 푹신한 침대에서 더 자고 싶었는데 5시부터 일어나야 했다. 하지만 아름다운 일출을 보고 짜증이 싹 사라졌다. 바다 위로 떠오르는 해는 처음 봤는데, 자고 있었다면 보지 못할뻔했다.

1) 친구의 일기에서 **단** 에 해당하는 부분을 찾아 써보세요.

....

....

2) 친구의 일기에서 **짠** 에 해당하는 부분을 찾아 써보세요.

....

....

3) 일기 속 내용과 비슷한 나의 경험을 써보세요.

....

단짠단짠 일기

17. 친구의 일기를 읽고 문제에 답하세요.

> 로봇 만들기 대회에 나갔다. 열심히 만든 로봇이 대회 직전에 고장 났다. 건전지를 바꿔봤지만 작동이 안 됐다. 너무 속상해서 포기하고 싶었다. 옆자리에 있던 친구가 도와줘서 다시 고쳤더니, 로봇이 작동하기 시작했다. 비록 내 차례가 지나가서 참가는 못했지만 선생님께서 친구와 협동하는 모습이 멋지다고 해주셨다.

1) 친구의 일기에서 **단** 에 해당하는 부분을 찾아 써보세요.

....

....

2) 친구의 일기에서 **짠** 에 해당하는 부분을 찾아 써보세요.

....

....

3) 일기 속 내용과 비슷한 나의 경험을 써보세요.

....

18. 친구의 일기를 읽고 문제에 답하세요.

> 운동장에서 옆 반과 축구 시합을 했다. 2 대 0으로 이기고 있는 상황에서 공을 세게 차서 교실 유리창을 깼다. 선생님께 혼날 것 같아 걱정됐다. 선생님께서 다친 사람이 없으면 괜찮다고 하셨다. 사고는 언제든 날 수 있으니 조심해야 한다고 당부하셨다. 앞으로 더 조심해야겠다고 생각했다.

1) 친구의 일기에서 **단** 에 해당하는 부분을 찾아 써보세요.

....

....

2) 친구의 일기에서 **짠** 에 해당하는 부분을 찾아 써보세요.

....

....

3) 일기 속 내용과 비슷한 나의 경험을 써보세요.

....

단짠단짠 일기

19. 친구의 일기를 읽고 문제에 답하세요.

우리 반은 1인 1화분 가꾸기를 한다. 친구들과 똑같이 씨앗을 심고 물을 줬는데, 친구들 화분에서는 싹이 나왔는데 나는 안 나왔다. 아무리 기다려도 안 나와서 내 씨앗만 죽은 것 같았다. 선생님께서 식물마다 자라는 속도가 다르다고 설명해 주셨다. 다음 날 내 화분에서도 작은 싹이 났다. 선생님께서 기념으로 사진도 찍어서 엄마한테 보내주셨다. 사진을 본 엄마가 함께 기뻐해 주셨다.

1) 친구의 일기에서 **단** 에 해당하는 부분을 찾아 써보세요.

....

....

2) 친구의 일기에서 **짠** 에 해당하는 부분을 찾아 써보세요.

....

....

3) 일기 속 내용과 비슷한 나의 경험을 써보세요.

....

20. 친구의 일기를 읽고 문제에 답하세요.

> 오늘 친구들과 숲 체험을 갔다. 어제 엄마랑 같이 싼 김밥과 음료수를 가져갔다. 친구들이 김밥을 먹어보더니 식당에서 파는 것보다 더 맛있다고 했다. 숲에서 내가 제일 좋아하는 무늬다람쥐도 봤는데 너무 빨리 움직여서 사진은 못 찍었다. 집에 돌아왔는데 가방이 다 젖어있었다. 가방을 열어보니 남은 음료수가 다 새 버렸다. 엄마가 웃으며 빨면 되니까 걱정 말라고 하셨다.

1) 친구의 일기에서 **단** 에 해당하는 부분을 찾아 써보세요.

....

....

2) 친구의 일기에서 **짠** 에 해당하는 부분을 찾아 써보세요.

....

....

3) 일기 속 내용과 비슷한 나의 경험을 써보세요.

....

03

뭐부터 할까?

시간 관리   계획 수립   우선 순위 판단

어떤 일은 다른 일보다 먼저 하는 게 좋아요.
예를 들면, 꼭 해야만 하는 숙제, 친구와 시간을 정한 약속,
엄마가 언제까지 하라고 한 심부름 같은 것들이에요.
이런 일들은 다른 일보다 우선해서 해야 해요.
그렇지 않으면 약속을 어기게 될 수 있거든요.

문제를 풀며 어떤 일을 먼저할지 계획을 세워보세요!

뭐부터 할까?

1. 글을 읽고 문제에 답하세요.

> 소율이는 토요일 오전 11시에 엄마와 영화를 보러 가기로 했다. 엄마가 영어 숙제를 다 해야 영화관에 갈 수 있다고 했는데, 어제 깜빡하고 잠들어버렸다. 시계를 보니 아침 7시다.

1) 소율이가 해야 할 일을 순서대로 써보세요.

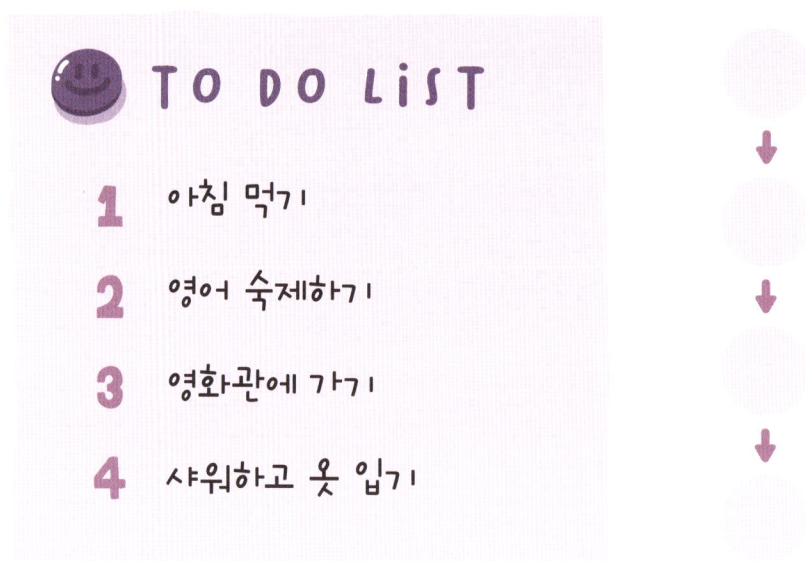

TO DO LIST
1. 아침 먹기
2. 영어 숙제하기
3. 영화관에 가기
4. 샤워하고 옷 입기

2) 할 일을 구분하여 써보세요.

🗝 정해진 시간에 해야 하는 일 :

🗝 아무 때나 해도 되는 일 :

2. 글을 읽고 문제에 답하세요.

> 학교를 마치고 집으로 돌아온 도희는 배가 너무 고파서 힘이 하나도 없었다. 지금이 2시인데, 3시까지 집 앞에 있는 태권도 학원에 가야 한다.

1) 소율이가 해야 할 일을 순서대로 써보세요.

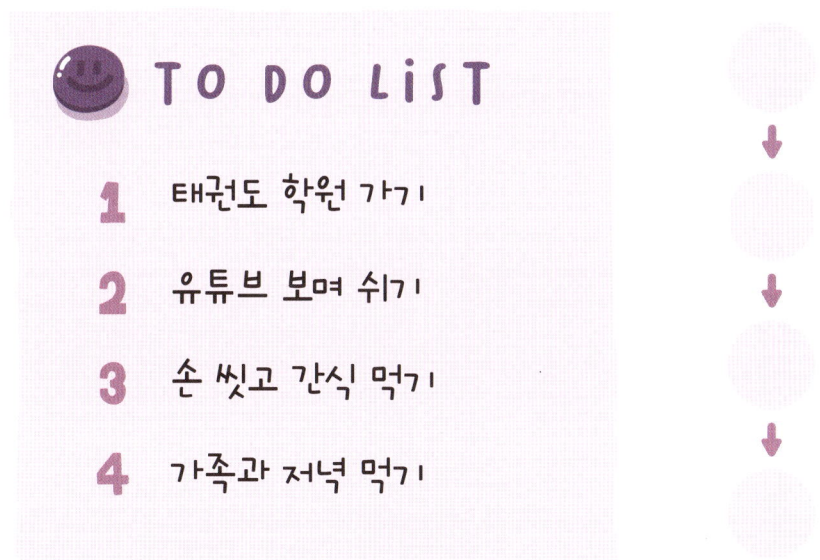

2) 할 일을 구분하여 써보세요.

　정해진 시간에 해야 하는 일 :

　아무 때나 해도 되는 일 :

뭐부터 할까?

3. 글을 읽고 문제에 답하세요.

> 민재는 내일 학교에서 현장 체험 학습을 간다. 내일 먹을 과자와 음료수를 사야 한다. 엄마는 아빠가 퇴근하고 집에 오면 저녁을 먹은 뒤 산책할 겸 마트에 가자고 했다.

1) 민재가 해야 할 일을 순서대로 써보세요.

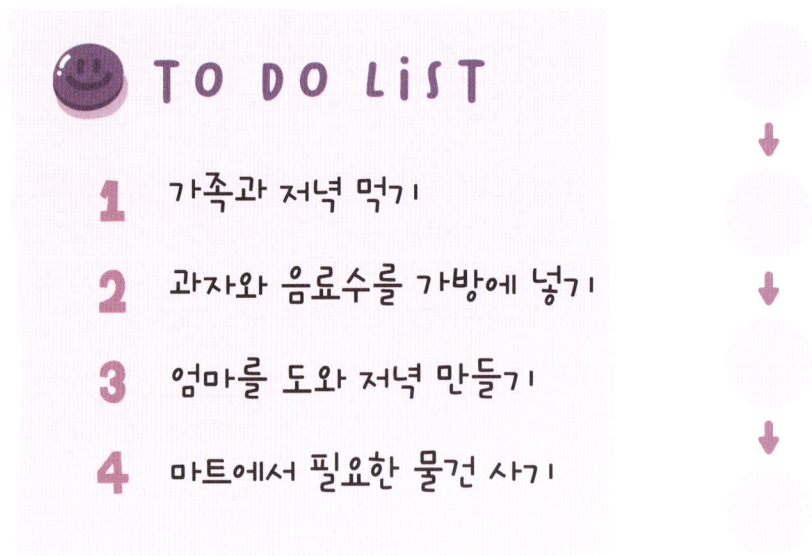

2) 할 일을 구분하여 써보세요.

🧿 정해진 시간에 해야 하는 일 :

🧿 아무 때나 해도 되는 일 :

4. 글을 읽고 문제에 답하세요.

> 서진이는 내일 아침 일찍 삼촌과 함께 등산을 가기로 했다. 삼촌이 6시까지 데리러 온다고 한다.

1) 서진이가 해야 할 일을 순서대로 써보세요.

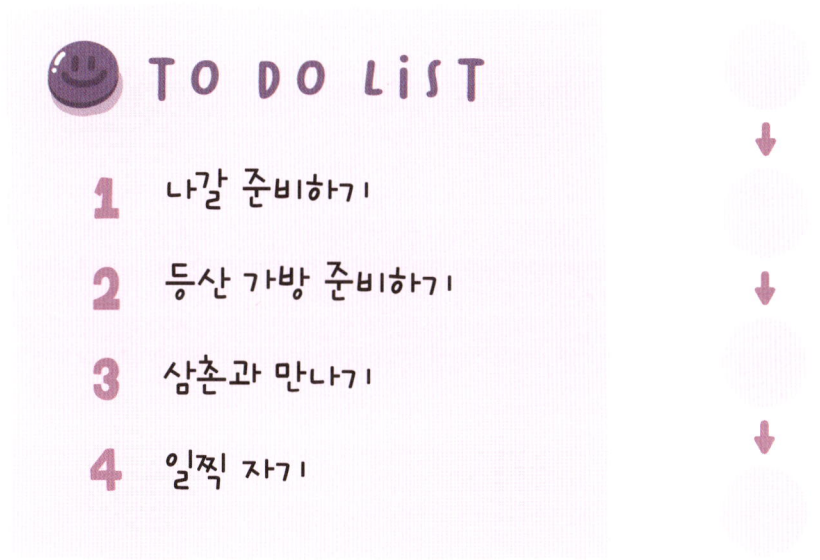

2) 할 일을 구분하여 써보세요.

😊 정해진 시간에 해야 하는 일 :

😊 아무 때나 해도 되는 일 :

뭐부터 할까?

5. 글을 읽고 문제에 답하세요.

> 진실이는 오후 1시에 친구의 생일 파티에 가기로 했다. 마트에 들러 친구가 좋아하는 인형을 사려 한다. 마트는 11시에 문을 연다.

1) 진실이가 해야 할 일을 순서대로 써보세요.

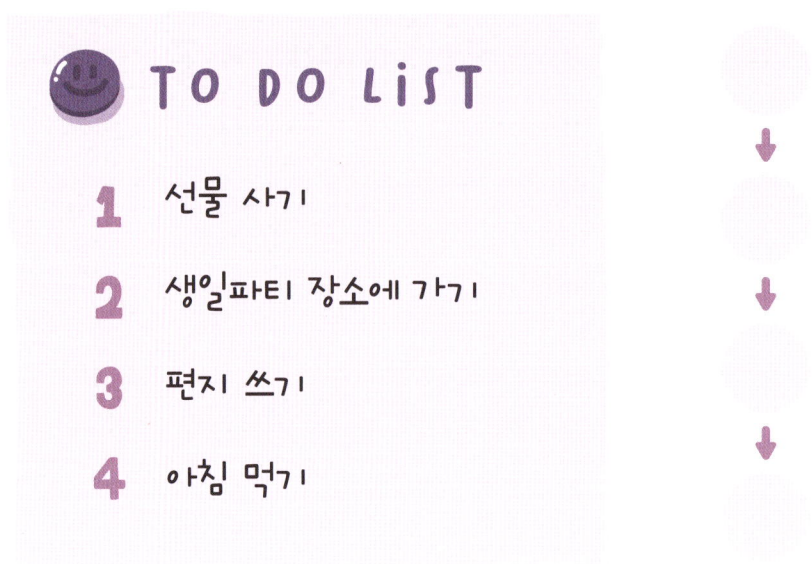

2) 할 일을 구분하여 써보세요.

😊 정해진 시간에 해야 하는 일 :

😊 아무 때나 해도 되는 일 :

6. 글을 읽고 문제에 답하세요.

> 보림이는 2시에 친구들과 공원에서 만나 자전거를 타기로 했다. 오랜만에 타는 것이라 자전거 바퀴에 바람도 넣어야 한다. 바람 넣는 기계는 학교 앞에 설치되어 있다.

1) 보림이가 해야 할 일을 순서대로 써보세요.

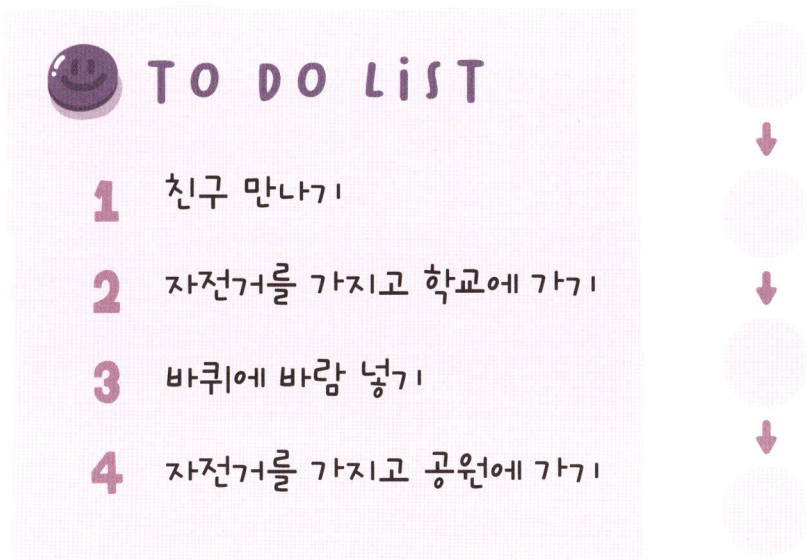

TO DO LIST
1. 친구 만나기
2. 자전거를 가지고 학교에 가기
3. 바퀴에 바람 넣기
4. 자전거를 가지고 공원에 가기

2) 할 일을 구분하여 써보세요.

😊 정해진 시간에 해야 하는 일 :

😊 아무 때나 해도 되는 일 :

뭐부터 할까?

7. 글을 읽고 문제에 답하세요.

> 인석이는 2시에 치과에 가야 한다. 치료를 받으면 5시간 동안 밥을 못 먹는다고 한다. 지금은 오전 11시 30분이다.

1) 인석이가 해야 할 일을 순서대로 써보세요.

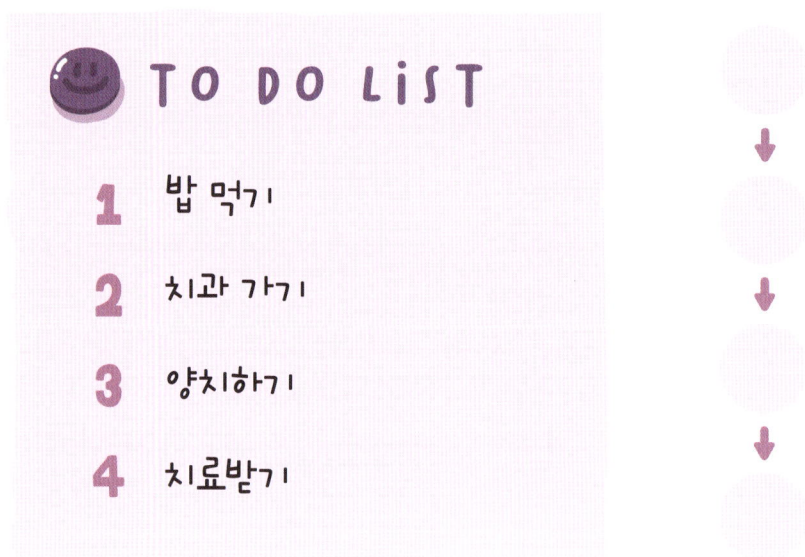

TO DO LIST
1. 밥 먹기
2. 치과 가기
3. 양치하기
4. 치료받기

2) 할 일을 구분하여 써보세요.

🙎 정해진 시간에 해야 하는 일 :

🙎 아무 때나 해도 되는 일 :

8. 글을 읽고 문제에 답하세요.

> 하진이는 공룡박물관에 견학을 간다. 박물관은 하루에 500명만 들어갈 수 있는데, 10시에 선착순으로 줄을 서서 입장한다. 하진이는 카메라로 공룡 사진을 찍어 친구들에게 보여주려 한다.

1) 하진이가 해야 할 일을 순서대로 써보세요.

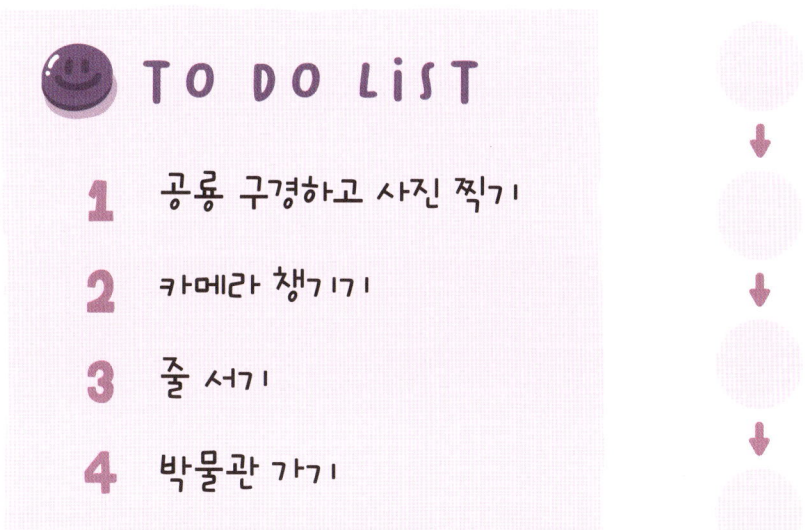

TO DO LIST
1. 공룡 구경하고 사진 찍기
2. 카메라 챙기기
3. 줄 서기
4. 박물관 가기

2) 할 일을 구분하여 써보세요.

👤 정해진 시간에 해야 하는 일 :

👤 아무 때나 해도 되는 일 :

뭐부터 할까?

9. 글을 읽고 문제에 답하세요.

> 원호는 내일 아침 8시에 태권도 승급 심사가 있다. 심사장이 집에서 멀어서 일찍 일어나야 한다.

1) 원호가 해야 할 일을 순서대로 써보세요.

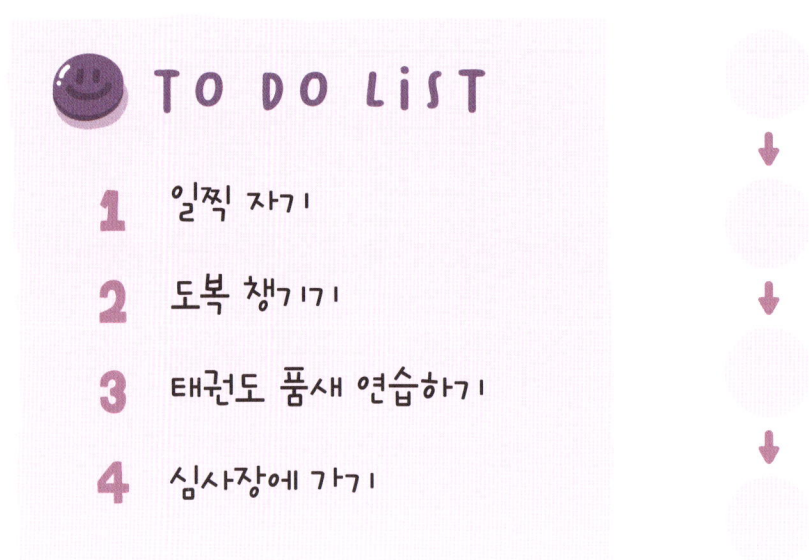

TO DO LIST
1. 일찍 자기
2. 도복 챙기기
3. 태권도 품새 연습하기
4. 심사장에 가기

2) 할 일을 구분하여 써보세요.

🙎 정해진 시간에 해야 하는 일 :

🙎 아무 때나 해도 되는 일 :

10. 글을 읽고 문제에 답하세요.

> 재용이네 집에 1시에 친구들이 오기로 했다. 새로 산 보드게임을 하러 모이기 때문이다. 친구와 함께 먹을 간식도 준비하고, 보드 게임 규칙도 익혀야 한다. 지금은 오전 8시고, 마트는 11시에 문을 연다.

1) 재용이가 해야 할 일을 순서대로 써보세요.

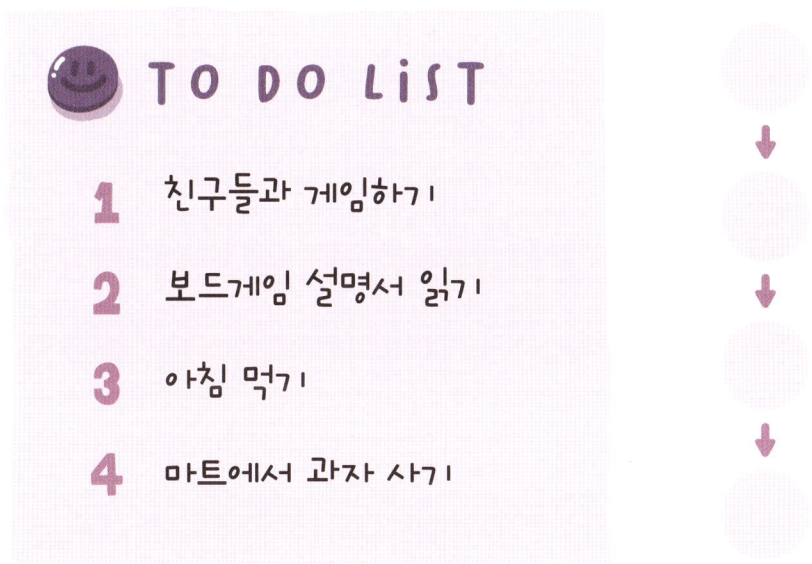

TO DO LIST
1 친구들과 게임하기
2 보드게임 설명서 읽기
3 아침 먹기
4 마트에서 과자 사기

2) 할 일을 구분하여 써보세요.

- 정해진 시간에 해야 하는 일 :

- 아무 때나 해도 되는 일 :

뭐부터 할까?

11. 글을 읽고 문제에 답하세요.

> 현우는 매일 4시에 영어학원에 가고 5시에는 태권도 학원에 간다. 지금은 1시인데, 친구가 놀자고 전화가 왔다.

1) 현우가 해야 할 일을 순서대로 써보세요.

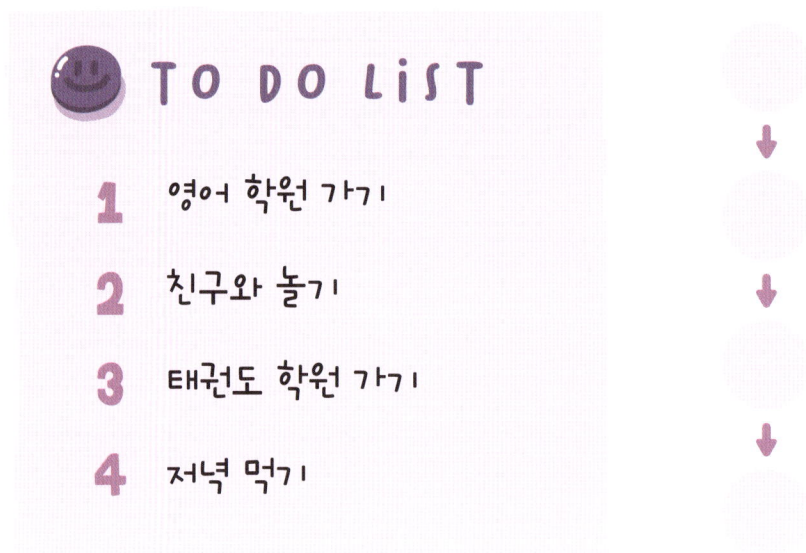

2) 할 일을 구분하여 써보세요.

👤 정해진 시간에 해야 하는 일 :

👤 아무 때나 해도 되는 일 :

12. 글을 읽고 문제에 답하세요.

> 태석이는 내일까지 미술 숙제를 해야 한다. 점토로 자신이 좋아하는 동물을 만들어 가는 것이다. 점토로 모양을 만든 뒤 굳으면 물감으로 색칠을 해야 한다. 점토가 굳는 데 8시간이 걸린다.

1) 태석이가 해야 할 일을 순서대로 써보세요.

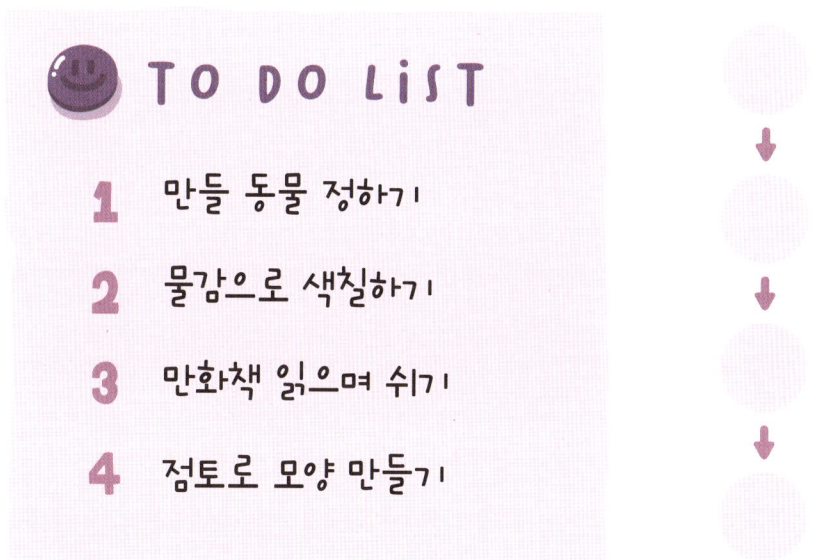

2) 할 일을 구분하여 써보세요.

　정해진 시간에 해야 하는 일 :

　아무 때나 해도 되는 일 :

뭐부터 할까?

13. 글을 읽고 문제에 답하세요.

> 아빠는 4시에 퇴근을 한다. 헬스장에 가서 운동도 해야 하고 우체국에 들려서 택배도 보내야 한다. 우체국의 영업시간은 오후 5시까지고, 헬스장은 오후 9시까지 한다.

1) 아빠가 해야 할 일을 순서대로 써보세요.

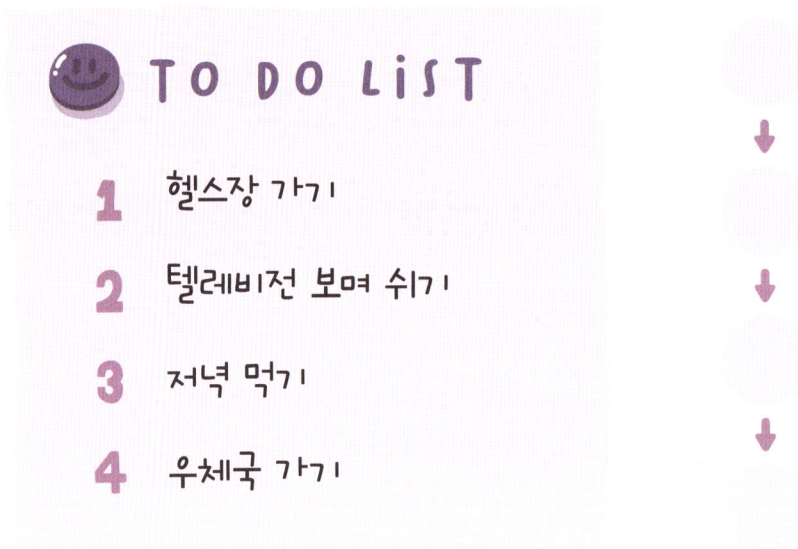

TO DO LIST
1. 헬스장 가기
2. 텔레비전 보며 쉬기
3. 저녁 먹기
4. 우체국 가기

2) 할 일을 구분하여 써보세요.

🧍 정해진 시간에 해야 하는 일 :

🧍 아무 때나 해도 되는 일 :

14. 글을 읽고 문제에 답하세요.

> 이온이는 미용실도 가야 하고, 도서관도 가야 한다. 미용실은 2시에 예약을 했다. 파마를 하는 데 3시간이 걸린다고 한다. 도서관은 오후 4시에 문을 닫는다.

1) 이온이가 해야 할 일을 순서대로 써보세요.

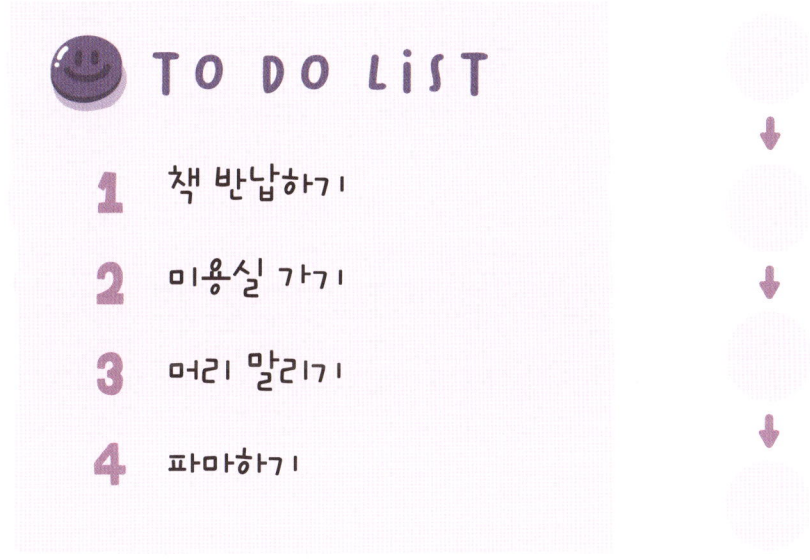

TO DO LIST
1 책 반납하기
2 미용실 가기
3 머리 말리기
4 파마하기

2) 할 일을 구분하여 써보세요.

👤 정해진 시간에 해야 하는 일 :

👤 아무 때나 해도 되는 일 :

04

시간 가늠하기

시간 관리   비교 및 분류   추정 능력

누구에게나 하루는 똑같이 24시간이에요.
시간을 잘 계산해서 쓰면 더 많이 놀 수 있겠죠?
수학 시간도 아닌데 시간을 계산하다니, 머리가 아픈 친구들 걱정 마세요!
정확한 시간은 몰라도 괜찮아요!
문제를 풀며 대략적인 시간을 생각해 봐요!

시간 가늠하기

1. [보기]를 읽고 문제에 답하세요.

> 보기
> ① 이를 닦는 데 걸리는 시간
> ② 세탁기로 빨래를 하는 데 걸리는 시간
> ③ 손가락에 난 상처가 다 낫는 데 걸리는 시간

1) '운동장 10바퀴를 걷는 데 걸리는 시간'과 비슷한 시간이 걸리는 일을 [보기]에서 골라 쓰세요. (   )

2) [보기]를 보고 가장 적은 시간이 걸리는 일부터 가장 많은 시간이 필요한 일을 순서대로 쓰세요. (   )

2. [보기]를 읽고 문제에 답하세요.

> 보기
> ① 빠진 이가 다시 자라는 데 걸리는 시간
> ② 냄비 속 뜨거운 국물이 식는 데 걸리는 시간
> ③ 우유 한 잔을 마시는 데 걸리는 시간

1) '일기를 쓰는 데 걸리는 시간'과 비슷한 시간이 걸리는 일을 [보기]에서 골라 쓰세요. (   )

2) [보기]를 보고 가장 적은 시간이 걸리는 일부터 가장 많은 시간이 필요한 일을 순서대로 쓰세요. (   )

3. [보기]를 읽고 문제에 답하세요.

　　　　① 음악 한 곡을 듣는데 걸리는 시간
　보기　② 긴 동화책 한 권을 다 읽는데 걸리는 시간
　　　　③ 화분에 심은 씨앗이 자라 꽃을 피우는데 걸리는 시간

1) '응가를 하는데 걸리는 시간'과 비슷한 시간이 걸리는 일을 [보기]에서 골라 쓰세요.　　　　　　　　　　(　　　　　)

2) [보기]를 보고 가장 적은 시간이 걸리는 일부터 가장 많은 시간이 필요한 일을 순서대로 쓰세요.　　　　(　　　　　)

4. [보기]를 읽고 문제에 답하세요.

　　　　① 미용실에서 머리를 자르는데 걸리는 시간
　보기　② 젖은 빨래가 마르는데 걸리는 시간
　　　　③ 양말을 신는데 걸리는 시간

1) '방을 청소하는데 걸리는 시간'과 비슷한 시간이 걸리는 일을 [보기]에서 골라 쓰세요.　　　　　　　　　(　　　　　)

2) [보기]를 보고 가장 적은 시간이 걸리는 일부터 가장 많은 시간이 필요한 일을 순서대로 쓰세요.　　　　(　　　　　)

시간 가늠하기

5. [보기]를 읽고 문제에 답하세요.

보기
① 아침에 일어나 학교에 갈 준비를 하는데 걸리는 시간
② 영화관에서 영화 한 편을 보는데 걸리는 시간
③ 간단한 퍼즐을 맞추는데 걸리는 시간

1) '책 한 쪽을 읽는데 걸리는 시간'과 비슷한 시간이 걸리는 일을 [보기]에서 골라 쓰세요. (   )

2) [보기]를 보고 가장 적은 시간이 걸리는 일부터 가장 많은 시간이 필요한 일을 순서대로 쓰세요. (   )

6. [보기]를 읽고 문제에 답하세요.

보기
① 사과 한 개를 깎는데 걸리는 시간
② 비행기를 타고 제주도에 가는데 걸리는 시간
③ 집 앞에 있는 편의점에 다녀오는데 걸리는 시간

1) '색종이로 비행기를 접는데 걸리는 시간'과 비슷한 시간이 걸리는 일을 [보기]에서 골라 쓰세요. (   )

2) [보기]를 보고 가장 적은 시간이 걸리는 일부터 가장 많은 시간이 필요한 일을 순서대로 쓰세요. (   )

7. [보기]를 읽고 문제에 답하세요.

　　　　　　① 라면을 끓이는데 걸리는 시간
　보기　② 비누로 손을 씻는데 걸리는 시간
　　　　　　③ 아기가 태어나서 걸음마를 배우는데 걸리는 시간

1) '물 한 잔을 마시는데 걸리는 시간'과 비슷한 시간이 걸리는 일을 [보기]에서 골라 쓰세요.　　　　　　　　　　　(　　　　　)

2) [보기]를 보고 가장 적은 시간이 걸리는 일부터 가장 많은 시간이 필요한 일을 순서대로 쓰세요.　　　　　(　　　　　)

8. [보기]를 읽고 문제에 답하세요.

　　　　　　① 처음 자전거를 타는 아이가 잘 타기까지 걸리는 시간
　보기　② 샌드위치 한 개를 먹는데 걸리는 시간
　　　　　　③ 운동화를 신는데 걸리는 시간

1) '컵 5개를 설거지하는 시간'과 비슷한 시간이 걸리는 일을 [보기]에서 골라 쓰세요.　　　　　　　　　　　(　　　　　)

2) [보기]를 보고 가장 적은 시간이 걸리는 일부터 가장 많은 시간이 필요한 일을 순서대로 쓰세요.　　　　　(　　　　　)

시간 가늠하기

9. [보기]를 읽고 문제에 답하세요.

> 보기
> ① 급식을 다 먹는데 걸리는 시간
> ② 손톱과 발톱을 다 깎는데 걸리는 시간
> ③ 머리를 빗는데 걸리는 시간

1) '자전거로 동네 한 바퀴를 도는데 걸리는 시간'과 비슷한 시간이 걸리는 일을 [보기]에서 골라 쓰세요. (   )

2) [보기]를 보고 가장 적은 시간이 걸리는 일부터 가장 많은 시간이 필요한 일을 순서대로 쓰세요. (   )

10. [보기]를 읽고 문제에 답하세요.

> 보기
> ① 머리카락이 한 뼘 자라는데 걸리는 시간
> ② 아이스크림을 한 개 먹는데 걸리는 시간
> ③ 냉동실에 넣은 물이 얼음으로 바뀌는데 걸리는 시간

1) '젖은 머리를 드라이기로 말리는데 걸리는 시간'과 비슷한 시간이 걸리는 일을 [보기]에서 골라 쓰세요. (   )

2) [보기]를 보고 가장 적은 시간이 걸리는 일부터 가장 많은 시간이 필요한 일을 순서대로 쓰세요. (   )

11. [보기]를 읽고 문제에 답하세요.

   보기
   ① 사진 한 장을 찍는데 걸리는 시간
   ② 지구에서 보낸 우주선이 달에 도착하는데 걸리는 시간
   ③ 쉬는 시간에 화장실에 다녀오는데 걸리는 시간

   1) '1층에서 5층까지 계단으로 올라가는데 걸리는 시간'과 비슷한 시간이 걸리는 일을 [보기]에서 골라 쓰세요.   (   )

   2) [보기]를 보고 가장 적은 시간이 걸리는 일부터 가장 많은 시간이 필요한 일을 순서대로 쓰세요.   (   )

12. [보기]를 읽고 문제에 답하세요.

   보기
   ① 핸드폰 배터리를 충전하는데 걸리는 시간
   ② 사탕을 입에서 녹여 먹는데 걸리는 시간
   ③ 바나나 껍질을 까는데 걸리는 시간

   1) '머리 감는데 걸리는 시간'과 비슷한 시간이 걸리는 일을 [보기]에서 골라 쓰세요.   (   )

   2) [보기]를 보고 가장 적은 시간이 걸리는 일부터 가장 많은 시간이 필요한 일을 순서대로 쓰세요.   (   )

시간 가늠하기

13. [보기]를 읽고 문제에 답하세요.

보기
① 나무가 자라서 열매가 열리는데 걸리는 시간
② 신호등이 빨간불에서 초록불로 바뀌는데 걸리는 시간
③ 집에서 학교까지 가는데 걸리는 시간

1) '유치원생이 초등학생이 되는데 걸리는 시간'과 비슷한 시간이 걸리는 일을 [보기]에서 골라 쓰세요.　　　(　　　　)

2) [보기]를 보고 가장 적은 시간이 걸리는 일부터 가장 많은 시간이 필요한 일을 순서대로 쓰세요.　　　(　　　　)

14. [보기]를 읽고 문제에 답하세요.

보기
① 학교에서 1교시부터 5교시까지 수업하는데 걸리는 시간
② 택배로 시킨 장난감이 집에 도착하는데 걸리는 시간
③ 마을버스를 기다리는데 걸리는 시간

1) '체육시간에 피구 경기하는데 걸리는 시간'과 비슷한 시간이 걸리는 일을 [보기]에서 골라 쓰세요.　　　(　　　　)

2) [보기]를 보고 가장 적은 시간이 걸리는 일부터 가장 많은 시간이 필요한 일을 순서대로 쓰세요.　　　(　　　　)

15. [보기]를 읽고 문제에 답하세요.

    보기
    ① 애벌레가 나비가 되는데 걸리는 시간
    ② 수학 문제 5장을 푸는데 걸리는 시간
    ③ 핸드폰에 게임을 다운로드하는데 걸리는 시간

    1) '세수를 하는데 걸리는 시간'과 비슷한 시간이 걸리는 일을 [보기]에서 골라 쓰세요.   (   )

    2) [보기]를 보고 가장 적은 시간이 걸리는 일부터 가장 많은 시간이 필요한 일을 순서대로 쓰세요.   (   )

16. [보기]를 읽고 문제에 답하세요.

    보기
    ① 날린 종이비행기가 땅에 떨어지는데 걸리는 시간
    ② 모기에 물린 곳이 가렵지 않을 때까지 걸리는 시간
    ③ 축구 경기를 보는데 걸리는 시간

    1) '비누 거품이 사라지는데 걸리는 시간'과 비슷한 시간이 걸리는 일을 [보기]에서 골라 쓰세요.   (   )

    2) [보기]를 보고 가장 적은 시간이 걸리는 일부터 가장 많은 시간이 필요한 일을 순서대로 쓰세요.   (   )

시간 가늠하기

17. [보기]를 읽고 문제에 답하세요.

보기
① 삼겹살을 굽는데 걸리는 시간
② 연필 한 자루를 깎는데 걸리는 시간
③ 연필 한 자루를 다 쓰는데 걸리는 시간

1) '얼굴에 로션을 바르는데 걸리는 시간'과 비슷한 시간이 걸리는 일을 [보기]에서 골라 쓰세요. (   )

2) [보기]를 보고 가장 적은 시간이 걸리는 일부터 가장 많은 시간이 필요한 일을 순서대로 쓰세요. (   )

18. [보기]를 읽고 문제에 답하세요.

보기
① 키가 10cm 자라는데 걸리는 시간
② 이불을 정리하는데 걸리는 시간
③ 동물원을 구경하는데 걸리는 시간

1) '분리수거를 하는데 걸리는 시간'과 비슷한 시간이 걸리는 일을 [보기]에서 골라 쓰세요. (   )

2) [보기]를 보고 가장 적은 시간이 걸리는 일부터 가장 많은 시간이 필요한 일을 순서대로 쓰세요. (   )

19. [보기]를 읽고 문제에 답하세요.

　　　　　① 가방에 준비물을 챙기는데 걸리는 시간
　보기　② 초등학교를 졸업하는데 걸리는 시간
　　　　　③ 올챙이가 개구리로 크는데 걸리는 시간

1) '과자 한 봉지를 먹는데 걸리는 시간'과 비슷한 시간이 걸리는 일을 [보기]에서 골라 쓰세요.　　　　　　　　　　(　　　)

2) [보기]를 보고 가장 적은 시간이 걸리는 일부터 가장 많은 시간이 필요한 일을 순서대로 쓰세요.　　　　　(　　　)

20. [보기]를 읽고 문제에 답하세요.

　　　　　① 텔레비전을 켜는데 걸리는 시간
　보기　② 침대에 누워서 잠이 들 때까지 걸리는 시간
　　　　　③ 부러진 뼈가 붙는데 걸리는 시간

1) '눈을 깜빡이는데 걸리는 시간'과 비슷한 시간이 걸리는 일을 [보기]에서 골라 쓰세요.　　　　　　　　　(　　　)

2) [보기]를 보고 가장 적은 시간이 걸리는 일부터 가장 많은 시간이 필요한 일을 순서대로 쓰세요.　　　　　(　　　)

05

질문하기

상황 판단력   사회적 예의 이해   공감 능력

질문을 많이 하는 것은 좋은 습관이에요.
하지만 아무 때나, 아무한테나 질문을 한다면 안 되겠죠.
상황에 맞게 상대방을 존중하는 태도로 예의 바르게 묻는다면
백 점짜리 질문이랍니다!

문제를 풀며 질문을 해도 되는지를 판단해 봐요!

 **질문하기**

● 글을 읽고 질문을 해도 되는 상황이면 O, 아니면 X에 표시하고 이유를 써보세요.

1. 옆집에 사는 아기가 너무 귀엽다. 몇 살이냐고 물어보고 싶다.   O / X

이유 :

2. 수업 시간에 모르는 문제가 있어서 손을 들고 선생님께 물어보고 싶다.   O / X

이유 :

3. 일기를 쓰다가 맞춤법을 모르는 단어가 있어서 일하고 계신 아빠에게 전화해서 물어보고 싶다.   O / X

이유 :

4. 시험 시간에 모르는 문제가 있어서 선생님께 답을 물어보고 싶다.   O / X

이유 :

5. 쉬는 시간에 친구에게 오늘 끝나고 같이 놀 수 있는지 물어보고 싶다.   O / X

이유 :

6. 친구의 눈이 퉁퉁 부어있다. 무슨 일이 생긴 것인지 물어보고 싶다. O / X

이유 :

7. 담임 선생님께서 돈을 얼마나 많이 버는지 물어보고 싶다. O / X

이유 :

8. 놀이터에서 새로 사귄 친구에게 집 주소를 물어보고 싶다. O / X

이유 :

9. 버스 옆자리에 외국인이 앉아있다. 어느 나라에서 왔는지 물어보고 싶다. O / X

이유 :

10. 사회 시간에 조별 과제를 한다. 같은 조가 된 친구의 전화번호를 물어보고 싶다. O / X

이유 :

질문하기

11. 친한 친구의 집에 놀러 가려 한다. 친구 집의 비밀번호를 물어보고 싶다. O / X

이유 :

12. 책을 읽다 모르는 단어가 나와서 소파에서 티비를 보며 쉬고 있는 아빠에게 물어보고 싶다. O / X

이유 :

13. 늦은 밤, 잠들기 직전이다. 갑자기 다음 주에 친구와 만나기로 한 장소가 기억이 안 나서 전화로 물어보고 싶다. O / X

이유 :

14. 공원에 가는 버스를 타려 한다. 버스정류장에 있는 아저씨한테 공원에 가는 버스가 몇 번인지 물어보고 싶다. O / X

이유 :

15. 길에 할머니가 누워 계신다. 할머니한테 괜찮은지 물어보고 싶다. O / X

이유 :

16. 점심시간에 식판을 쏟았다. 엄마한테 전화해서 도와줄 수 있는지 물어보고 싶다.   O / X

이유 :

17. 빨간 불인데 무단횡단을 하는 아저씨를 봤다. 아저씨한테 왜 무단횡단을 했는지 물어보고 싶다.   O / X

이유 :

18. 가지고 있는 연필이 모두 부러졌다. 친구에게 연필을 빌려줄 수 있는지 물어보고 싶다.   O / X

이유 :

19. 친구가 새로 산 운동화가 멋져 보인다. 어디서 샀는지 물어보고 싶다.   O / X

이유 :

20. 모르는 아주머니가 길에서 울고 계신다. 왜 우는지 물어보고 싶다.   O / X

이유 :

질문하기

21. 편의점에서 처음 보는 과자를 발견했다. 먹어 봐도 되는지 주인한테 물어보고 싶다.   O / X

이유 :

22. 화장실에 갔는데, 변기가 고장 났다. 선생님께 다른 화장실의 위치를 물어보고 싶다.   O / X

이유 :

23. 학교 앞에 처음 보는 강아지가 혼자 있다. 강아지에게 어디에 사는지 물어보고 싶다.   O / X

이유 :

24. 담임 선생님이 우리 아빠보다 힘이 더 세 보인다. 선생님께 키와 몸무게를 물어보고 싶다.   O / X

이유 :

25. 버스 옆자리에 앉은 친구가 너무 큰 소리로 통화를 한다. 조용히 해줄 수 있는지 물어보고 싶다.   O / X

이유 :

26. 학교 화단에 예쁜 꽃이 피었다. 꽃을 꺾어서 집에 가져가도 되는지 선생님께 물어보고 싶다. O / X

이유 :

27. 친구가 새로운 핸드폰을 샀다. 어떤 기능이 있는지 물어보고 싶다. O / X

이유 :

28. 선생님께서 큰 상자를 들고 교실로 들어오셨다. 무엇이 들어있는지 물어보고 싶다. O / X

이유 :

29. 친구가 가족들과 해외여행을 간다. 나도 데리고 가줄 수 있는지 물어보고 싶다. O / X

이유 :

30. 화장실에서 볼일을 봤는데 화장지가 없다. 밖에 있는 사람에게 화장지를 줄 수 있는지 물어보고 싶다. O / X

이유 :

질문하기

● 글을 읽고 질문을 해도 되는 상황이면 O, 아니면 X에 표시하고 이유를 써보세요. 그리고 나라면 어떻게 할지 써보세요.

31. 정원이는 점심시간에 친구들과 급식을 먹었다. 다 먹었는데도 배가 고팠던 정원이는 친구가 안 먹고 있는 빵을 먹어도 되는지 물어보려 한다.   O / X

이유 :

나라면 :

32. 체육시간에 운동을 열심히 한 찬음이는 땀을 많이 흘렸다. 옷에서 땀 냄새가 나서 찝찝했던 찬음이는 짝꿍에게 겨드랑이에서 냄새가 많이 나는지 맡아줄 수 있냐고 물어보려 한다.   O / X

이유 :

나라면 :

33. 아빠가 언제 퇴근하시는지 전화로 물어봐야 하는데, 동생이 핸드폰으로 게임을 하고 있다. 수호는 동생에게 핸드폰을 잠시 빌려줄 수 있는지 물어보려 한다.   O / X

이유 :

나라면 :

34. 가윤이는 새로 산 원피스를 입고 학교에 갔다. 가윤이의 원피스가 부러웠던 다예는 자신의 옷과 원피스를 바꿔줄 수 있는지 물어보려 한다. O / X

이유 :

나라면 :

35. 카페에 간 준영이는 키위 주스를 시켰고, 동생은 딸기주스를 시켰다. 딸기주스의 맛이 궁금했던 준영이는 동생에게 주스를 한 입만 먹어볼 수 있는지 물어보려 한다. O / X

이유 :

나라면 :

36. 수학을 싫어하는 은혜는 숙제를 하고 싶지 않다. 은혜는 반에서 수학을 제일 잘하는 지호에게 전화를 걸어 숙제를 베낄 수 있는지 물어보려 한다. O / X

이유 :

나라면 :

질문하기

37. 비가 내리는 날 학교에 도착한 지음이는 운동화와 양말이 모두 젖었다. 축축한 양말이 불편한 지음이는 선생님께 수업 시간에 양말을 벗고 맨발로 있어도 되는지 물어보려 한다.　　O / X

이유 :

나라면 :

38. 감기에 걸려 학교에 결석한 다원이는 선생님이 내주신 숙제를 모른다. 같은 반 친구에게 전화를 걸어 숙제가 무엇인지 물어보려 한다.　　O / X

이유 :

나라면 :

39. 수정이는 급식을 먹다가 실수로 옷에 국물을 흘렸다. 옷이 더러워져 속상한 수정이는 선생님께 옷을 갈아입으러 집에 가도 되는지 물어보려 한다.　　O / X

이유 :

나라면 :

40. 지우는 독감 예방 주사를 맞으러 병원에 갔다. 사람이 너무 많아서 한 시간이나 기다려야 한다. 지우는 엄마한테 기다리는 동안 핸드폰 게임을 해도 되는지 물어보려 한다. O / X

이유:

나라면:

41. 소현이는 앞에 앉은 친구의 키가 너무 커서 칠판이 잘 안 보인다. 소현이는 앞에 앉은 친구에게 수업 시간 동안 엎드려 줄 수 있는지 물어보려 한다. O / X

이유:

나라면:

42. 재용이는 학교를 마치고 도서관에 간다고 한다. 태훈이는 도서관에서 빌린 책을 오늘까지 반납해야 하는데, 재용이에게 대신 책을 반납해 줄 수 있는지 물어보려 한다. O / X

이유:

나라면:

06

마음 처방전

감정 인식 공감 능력 문제 해결력 창의적 사고

공부를 잘하게 되는 약, 말을 잘할 수 있게 되는 약이 있다면 얼마나 좋을까요?
아쉽게도 초능력은 영화나 만화에서만 볼 수 있어요.
우리는 고민을 해결하기 위해 다양한 능력을 사용해야 해요.
용기가 필요할 때도 있고, 노력이 필요할 때도 있어요.

친구들의 다양한 고민을 보고, 필요한 능력을 처방해 봐요!

마음 처방전

[예시] 친구의 고민을 읽고 문제에 답하세요.

> 저는 다른 친구보다 잘하는 것이 없어서 고민입니다. 미술 학원을 같이 다니는 예서는 그림을 잘 그려서 미술 대회에서 1등을 해서 상장을 받았는데, 저는 2등을 해서 상장을 못 받았어요. 수학학원을 같이 다니는 현준이는 100점을 받아서 1등을 했는데, 저는 80점이라 5등을 했어요. 저는 왜 친구들보다 잘하는 것이 없을까요? 저도 1등 하고 싶어요!

1) 친구의 고민은 무엇인가요?

다른 친구보다 잘하는 것이 없는 것이 고민입니다.

2) 친구의 기분은 어떨까요?

답답하다, 불만스럽다, 심란하다, 부럽다

3) 처방전을 만들어 보세요.

- 부록에 있는 스티커에서 친구에게 필요한 약을 고르세요.
- 고른 약이 친구에게 필요한 이유를 각각 써보세요.
- 친구가 약을 먹고 어떤 행동을 할지, 어떤 마음이 생길지 예측해서 써보세요.
- 친구에게 하고 싶은 말을 써보세요.

[예 1] 다원이가 쓴 마음 처방전

마음 처방전

약사: 이다원

처방약 안내

자신감   노력   행운

➕ 약을 처방하는 이유 : 네가 다른 친구들보다 잘하는 것이 없다고 느끼기 때문이야.

➕ 효능/효과

자신감   약을 먹으면   스스로를 믿고 사랑하는 마음을 가지게 될 거야!

노력   약을 먹으면   꾸준히 노력하는 것이 덜 힘들어질 거야.
계속 노력한다면 반드시 좋은 결과가 올 거야!

행운   약을 먹으면   아직까지 발견하지 못한 너만의 특별한 재능을 찾을 수 있을 거야!

➕ 응원 한 마디   내가 보기엔 너는 이미 충분히 잘 하고 있어!
1등만이 전부가 아니야!

[예 2] 예꿈이가 쓴 마음 처방전

마음 처방전

약사: 김예꿈

처방약 안내

여유   집중   대화

✚ **약을 처방하는 이유 :** 너도 충분히 잘했는데, 다른 친구들을 부러워하는 마음 때문에 속상해하기 때문이야.

✚ **효능/효과**

여유	약을 먹으면	결과에 연연하지 않고 과정을 즐기게 될 거야. 그림을 그리는 것 자체를 즐기고, 수학 문제를 푸는 과정에서 재미를 찾게 될 거야!
집중	약을 먹으면	한 가지 일에 몰두할 수 있게 되어서, 그림도 더 잘 그려지고 문제도 더 잘 풀 수 있을 거야. 집중하면 너의 능력을 더 잘 발휘할 수 있어.
대화	약을 먹으면	너의 마음이 편안해질 거야. 너의 고민을 친구나 가족에게 나누면 마음이 한결 가벼워질 거야.

✚ **응원 한 마디** 너는 이미 소중한 존재야! 너 자신을 믿고 여유를 가지면 더 큰 성취감을 느낄 수 있을 거야. 힘내!

[연습] 두 친구는 서로 다른 처방을 내렸네요. 나라면 어떻게 했을까요?

마음 처방전

약사:

처방약 안내

스티커   스티커   스티커

✚ 약을 처방하는 이유 :

✚ 효능/효과

   약을 먹으면

   약을 먹으면

   약을 먹으면

✚ 응원 한 마디

마음 처방전

1. 친구의 고민을 읽고 문제에 답하세요.

> 저는 놀이터에서 맨날 혼자 노는 것이 고민입니다.
> 다른 친구들하고 놀면 불편한데, 다 같이 노는 친구를 보면 부럽기도 해요.
> 어쩌죠? 친구들의 눈치를 안 보고 같이 재미있게 놀고 싶어요.

1) 친구의 고민은 무엇인가요?

2) 친구의 기분은 어떨까요?

3) 처방전을 만들어 보세요.

- 부록에 있는 스티커에서 친구에게 필요한 약을 고르세요.
- 고른 약이 친구에게 필요한 이유를 각각 써보세요.
- 친구가 약을 먹고 어떤 행동을 할지, 어떤 마음이 생길지 예측해서 써 보세요.
- 친구에게 하고 싶은 말을 써보세요.

마음 처방전

약사:

처방약 안내

스티커   스티커   스티커

✚ 약을 처방하는 이유 :

✚ 효능/효과

　　약을 먹으면

　　약을 먹으면

　　약을 먹으면

✚ 응원 한 마디

# 마음 처방전

2. 친구의 고민을 읽고 문제에 답하세요.

> 저는 선택을 잘 못하는 것이 고민입니다.
> 친구들은 저보고 결정 장애가 있다고 놀려요. 저한테 무슨 문제가 있는 걸까요? 저는 왜 이렇게 생각하는 데 오랜 시간이 걸릴까요?
> 저도 다른 사람들처럼 빨리빨리 고르고 싶어요.

1) 친구의 고민은 무엇인가요?

....

....

2) 친구의 기분은 어떨까요?

....

3) 처방전을 만들어 보세요.

- 부록에 있는 스티커에서 친구에게 필요한 약을 고르세요.
- 고른 약이 친구에게 필요한 이유를 각각 써보세요.
- 친구가 약을 먹고 어떤 행동을 할지, 어떤 마음이 생길지 예측해서 써 보세요.
- 친구에게 하고 싶은 말을 써보세요.

마음 처방전

약사:

처방약 안내

스티커   스티커   스티커

✤ 약을 처방하는 이유 :

✤ 효능/효과

　　약을 먹으면

　　약을 먹으면

　　약을 먹으면

✤ 응원 한 마디

마음 처방전

3. 친구의 고민을 읽고 문제에 답하세요.

> 저는 엄마와 싸우는 것이 고민입니다.
> 엄마는 자꾸 밖에 나가서 친구들하고 놀라고 하는데,
> 저는 친구들과 노는 것보다 핸드폰으로 게임하고, 유튜브 보는 것이 훨씬
> 재미있어요. 엄마가 내 마음을 알아주면 좋겠어요.

1) 친구의 고민은 무엇인가요?

2) 친구의 기분은 어떨까요?

3) 처방전을 만들어 보세요.

- 부록에 있는 스티커에서 친구에게 필요한 약을 고르세요.
- 고른 약이 친구에게 필요한 이유를 각각 써보세요.
- 친구가 약을 먹고 어떤 행동을 할지, 어떤 마음이 생길지 예측해서 써 보세요.
- 친구에게 하고 싶은 말을 써보세요.

마음 처방전

약사:

처방약 안내

스티커　　　　스티커　　　　스티커

✤ 약을 처방하는 이유 :

✤ 효능/효과

　　약을 먹으면

　　약을 먹으면

　　약을 먹으면

✤ 응원 한 마디

마음 처방전

4. 친구의 고민을 읽고 문제에 답하세요.

> 저는 문제를 많이 틀리는 것이 고민입니다.
> 혼자 문제를 풀 때 머릿속에 아무것도 떠오르지 않아요.
> 엄마랑 같이 풀면 잘 푸는데 왜 혼자는 잘 안될까요?
> 혼자 문제를 풀어야 될 때 너무너무 긴장이 되고 떨려요.

1) 친구의 고민은 무엇인가요?

2) 친구의 기분은 어떨까요?

3) 처방전을 만들어 보세요.

- 부록에 있는 스티커에서 친구에게 필요한 약을 고르세요.
- 고른 약이 친구에게 필요한 이유를 각각 써보세요.
- 친구가 약을 먹고 어떤 행동을 할지, 어떤 마음이 생길지 예측해서 써 보세요.
- 친구에게 하고 싶은 말을 써보세요.

마음 처방전

약사:

처방약 안내

| 스티커 | 스티커 | 스티커 |

✚ 약을 처방하는 이유 :
....
....

✚ 효능/효과

약을 먹으면
....
....

약을 먹으면
....
....

약을 먹으면
....
....

✚ 응원 한 마디
....

마음 처방전

5. 친구의 고민을 읽고 문제에 답하세요.

> 저는 뚱뚱한 것이 고민입니다.
> 저희 할머니는 저보고 귀엽다고 하시면서 음식을 많이 만들어 주세요.
> 그래서 할머니가 주시는 음식을 먹다 보니 자꾸 살이 쪄요.
> 친구들이 돼지라고 놀리는데, 어떻게 해야 할까요?

1) 친구의 고민은 무엇인가요?

2) 친구의 기분은 어떨까요?

3) 처방전을 만들어 보세요.

- 부록에 있는 스티커에서 친구에게 필요한 약을 고르세요.
- 고른 약이 친구에게 필요한 이유를 각각 써보세요.
- 친구가 약을 먹고 어떤 행동을 할지, 어떤 마음이 생길지 예측해서 써 보세요.
- 친구에게 하고 싶은 말을 써보세요.

마음 처방전

약사:

처방약 안내

스티커   스티커   스티커

✤ 약을 처방하는 이유 :
....
....

✤ 효능/효과

   약을 먹으면
   ....
   ....

   약을 먹으면
   ....
   ....

   약을 먹으면
   ....
   ....

✤ 응원 한 마디
....

마음 처방전

6. 친구의 고민을 읽고 문제에 답하세요.

> 저는 좋아하는 친구에게 말을 거는 것이 힘들어요.
> 먼저 인사도 하고 싶고, 주말에 뭐 했는지 물어보고 싶은데, 잘 안돼요.
> 친구가 저를 이상하게 생각하면 어쩌죠?
> 저도 멋진 모습을 보여주고 싶어요.

1) 친구의 고민은 무엇인가요?

………………………………………………………………………

………………………………………………………………………

2) 친구의 기분은 어떨까요?

………………………………………………………………………

3) 처방전을 만들어 보세요.

- 부록에 있는 스티커에서 친구에게 필요한 약을 고르세요.
- 고른 약이 친구에게 필요한 이유를 각각 써보세요.
- 친구가 약을 먹고 어떤 행동을 할지, 어떤 마음이 생길지 예측해서 써 보세요.
- 친구에게 하고 싶은 말을 써보세요.

마음 처방전

약사:

처방약 안내

스티커　　　　　스티커　　　　　스티커

✤ 약을 처방하는 이유 :
....

✤ 효능/효과

　　약을 먹으면
....

　　약을 먹으면
....

　　약을 먹으면
....

✤ 응원 한 마디
....

마음 처방전

7. 친구의 고민을 읽고 문제에 답하세요.

> 제 몸속에는 화가 너무 많아요.
> 매일매일 짜증이 나고 화가 나요.
> 다른 사람들은 화낼 일이 아니라고 하는데, 저는 화가 계속 나요.
> 아무도 내 마음을 이해하지 못하는데, 어떻게 해야 할까요?
> 저도 화내고 싶지 않아요!

1) 친구의 고민은 무엇인가요?

_____

_____

2) 친구의 기분은 어떨까요?

_____

3) 처방전을 만들어 보세요.

♣ 부록에 있는 스티커에서 친구에게 필요한 약을 고르세요.

♣ 고른 약이 친구에게 필요한 이유를 각각 써보세요.

♣ 친구가 약을 먹고 어떤 행동을 할지, 어떤 마음이 생길지 예측해서 써 보세요.

♣ 친구에게 하고 싶은 말을 써보세요.

마음 처방전

약사:

처방약 안내

스티커 　　　 스티커 　　　 스티커

◆ 약을 처방하는 이유 :

◆ 효능/효과

　　약을 먹으면

　　약을 먹으면

　　약을 먹으면

◆ 응원 한 마디

마음 처방전

8. 친구의 고민을 읽고 문제에 답하세요.

> 저는 모든 것이 다 귀찮아요.
> 지금 이 글을 쓰는 것도 귀찮아요.
> 아침에 학교 가는 것도 귀찮고, 씻는 것도 귀찮고,
> 그냥 집에 누워만 있고 싶어요.
> 하… 아무것도 하기 싫어요.

1) 친구의 고민은 무엇인가요?

2) 친구의 기분은 어떨까요?

3) 처방전을 만들어 보세요.

- 부록에 있는 스티커에서 친구에게 필요한 약을 고르세요.
- 고른 약이 친구에게 필요한 이유를 각각 써보세요.
- 친구가 약을 먹고 어떤 행동을 할지, 어떤 마음이 생길지 예측해서 써 보세요.
- 친구에게 하고 싶은 말을 써보세요.

마음 처방전

약사:

처방약 안내

스티커   스티커   스티커

✤ 약을 처방하는 이유 :
....
....

✤ 효능/효과

　　약을 먹으면
....
....

　　약을 먹으면
....
....

　　약을 먹으면
....
....

✤ 응원 한 마디
....

마음 처방전

9. 친구의 고민을 읽고 문제에 답하세요.

> 저희 엄마는 핸드폰 배경 화면을 가족사진으로 해두셨어요. 엄마랑 아빠, 저와 동생까지 모두 다 같이 제주도에 여행 갔을 때 찍은 사진이에요. 그런데 얼마 전 엄마의 배경 화면이 동생 사진으로 바뀌었어요. 엄마가 저를 싫어하는 것일까요? 어떻게 해야 할까요?

1) 친구의 고민은 무엇인가요?

   ....

   ....

2) 친구의 기분은 어떨까요?

   ....

3) 처방전을 만들어 보세요.

   ♣ 부록에 있는 스티커에서 친구에게 필요한 약을 고르세요.

   ♣ 고른 약이 친구에게 필요한 이유를 각각 써보세요.

   ♣ 친구가 약을 먹고 어떤 행동을 할지, 어떤 마음이 생길지 예측해서 써 보세요.

   ♣ 친구에게 하고 싶은 말을 써보세요.

마음 처방전

약사:

처방약 안내

스티커   스티커   스티커

✚ 약을 처방하는 이유 :

✚ 효능/효과

    약을 먹으면

    약을 먹으면

    약을 먹으면

✚ 응원 한 마디

마음 처방전

10. 친구의 고민을 읽고 문제에 답하세요.

> 저는 글씨를 예쁘게 쓰고 싶은데, 잘 안돼요.
> 다른 친구들은 맞춤법도 안 틀리고 잘 쓰는데,
> 저는 맨날 틀려서 지우개로 다시 지우고 써야 해요.
> 저번에는 이름을 잘못 써서 친구들이 놀린 적도 있어요.
> 저도 글씨를 잘 쓰고 싶어요.

1) 친구의 고민은 무엇인가요?

2) 친구의 기분은 어떨까요?

3) 처방전을 만들어 보세요.

- 부록에 있는 스티커에서 친구에게 필요한 약을 고르세요.
- 고른 약이 친구에게 필요한 이유를 각각 써보세요.
- 친구가 약을 먹고 어떤 행동을 할지, 어떤 마음이 생길지 예측해서 써 보세요.
- 친구에게 하고 싶은 말을 써보세요.

마음 처방전

약사:

처방약 안내

| 스티커 | 스티커 | 스티커 |

✤ 약을 처방하는 이유 :

✤ 효능/효과

　　약을 먹으면

　　약을 먹으면

　　약을 먹으면

✤ 응원 한 마디

마음 처방전

11. 친구의 고민을 읽고 문제에 답하세요.

> 제 방은 항상 지저분해요.
> 아침에 치운 것 같은데, 저녁이 되면 또 엉망이 되어있어요.
> 그래서 물건을 찾을 때 너무 힘들어요. 가끔 못 찾을 때도 있어요.
> 저도 깔끔해지고 싶어요.

1) 친구의 고민은 무엇인가요?

....

....

2) 친구의 기분은 어떨까요?

....

3) 처방전을 만들어 보세요.

- 부록에 있는 스티커에서 친구에게 필요한 약을 고르세요.
- 고른 약이 친구에게 필요한 이유를 각각 써보세요.
- 친구가 약을 먹고 어떤 행동을 할지, 어떤 마음이 생길지 예측해서 써 보세요.
- 친구에게 하고 싶은 말을 써보세요.

마음 처방전

약사:

처방약 안내

스티커 스티커 스티커

🍀 약을 처방하는 이유 :
....

🍀 효능/효과

　　약을 먹으면
....

　　약을 먹으면
....

　　약을 먹으면
....

🍀 응원 한 마디
....

마음 처방전

12. 친구의 고민을 읽고 문제에 답하세요.

> 저는 가족과 다툼이 자주 생겨서 고민입니다.
> 부모님은 대화로 풀자고 하는데,
> 말을 하다 보면 화가 나고 서로 상처만 주게 되네요.
> 어떻게 하면 가족과 더 좋은 관계를 유지할 수 있을까요?

1) 친구의 고민은 무엇인가요?

_____

_____

2) 친구의 기분은 어떨까요?

_____

3) 처방전을 만들어 보세요.

- 부록에 있는 스티커에서 친구에게 필요한 약을 고르세요.
- 고른 약이 친구에게 필요한 이유를 각각 써보세요.
- 친구가 약을 먹고 어떤 행동을 할지, 어떤 마음이 생길지 예측해서 써 보세요.
- 친구에게 하고 싶은 말을 써보세요.

마음 처방전

약사:

처방약 안내

스티커   스티커   스티커

🍀 약을 처방하는 이유 :
....

🍀 효능/효과

약을 먹으면
....
....

약을 먹으면
....
....

약을 먹으면
....
....

🍀 응원 한 마디
....

마음 처방전

13. 친구의 고민을 읽고 문제에 답하세요.

> 저는 늘 걱정이 많아요.
> 제 주변 사람들은 저보고 잘 하고 있다고 하지만
> 그 말을 믿을 수 없어요. 제가 하는 일을 망칠 것 같아 불안해요.
> 이런 제 모습을 친구들이 이상하게 볼까 봐 두려워요.
> 저도 걱정 없이 살고 싶어요!

1) 친구의 고민은 무엇인가요?

....

....

2) 친구의 기분은 어떨까요?

....

3) 처방전을 만들어 보세요.

- ✚ 부록에 있는 스티커에서 친구에게 필요한 약을 고르세요.
- ✚ 고른 약이 친구에게 필요한 이유를 각각 써보세요.
- ✚ 친구가 약을 먹고 어떤 행동을 할지, 어떤 마음이 생길지 예측해서 써 보세요.
- ✚ 친구에게 하고 싶은 말을 써보세요.

마음 처방전

약사:

처방약 안내

스티커　　　　스티커　　　　스티커

🍀 약을 처방하는 이유 :

🍀 효능/효과

　　　약을 먹으면

　　　약을 먹으면

　　　약을 먹으면

🍀 응원 한 마디

마음 처방전

14. 친구의 고민을 읽고 문제에 답하세요.

> 저는 친구들과의 약속을 자주 잊어버려요.
> 일부러 그러는 것은 아닌데, 친구들이 저를 실망하게 만들어요.
> 어떻게 해야 친구들과 잘 지낼 수 있을까요?

1) 친구의 고민은 무엇인가요?

....

....

2) 친구의 기분은 어떨까요?

....

3) 처방전을 만들어 보세요.

- 부록에 있는 스티커에서 친구에게 필요한 약을 고르세요.
- 고른 약이 친구에게 필요한 이유를 각각 써보세요.
- 친구가 약을 먹고 어떤 행동을 할지, 어떤 마음이 생길지 예측해서 써 보세요.
- 친구에게 하고 싶은 말을 써보세요.

마음 처방전

약사:

처방약 안내

스티커   스티커   스티커

✜ 약을 처방하는 이유 :
....
....

✜ 효능/효과

약을 먹으면
....
....

약을 먹으면
....
....

약을 먹으면
....
....

✜ 응원 한 마디
....

마음 처방전

15. 친구의 고민을 읽고 문제에 답하세요.

> 저는 친구들이 웃고 떠드는 것을 보는 게 너무 싫어요.
> 쉬는 시간에 웃는 친구들을 보면 저를 보고 웃는 것 같고,
> 이야기를 하는 친구들은 전부 제 이야기를 하고 있는 것 같아 짜증 나요.
> 주변 사람들은 제게 너무 예민하다 해요. 정말 제가 이상한 것일까요?

1) 친구의 고민은 무엇인가요?

2) 친구의 기분은 어떨까요?

3) 처방전을 만들어 보세요.

- 부록에 있는 스티커에서 친구에게 필요한 약을 고르세요.
- 고른 약이 친구에게 필요한 이유를 각각 써보세요.
- 친구가 약을 먹고 어떤 행동을 할지, 어떤 마음이 생길지 예측해서 써 보세요.
- 친구에게 하고 싶은 말을 써보세요.

마음 처방전

약사:

처방약 안내

스티커   스티커   스티커

✚ 약을 처방하는 이유 :

✚ 효능/효과

    약을 먹으면

    약을 먹으면

    약을 먹으면

✚ 응원 한 마디

마음 처방전

16. 친구의 고민을 읽고 문제에 답하세요.

> 저는 동생 때문에 너무 힘들어요.
> 부모님은 동생이 어리니까 양보를 해주라고 하는데,
> 제 마음은 그러고 싶지 않아요. 매번 억지로 양보하느라 너무 힘들어요.
> 게다가 동생이 제 물건을 허락 없이 가져가거나 만지는 것도 너무 싫어요.
> 차라리 제가 동생이 되고 싶어요!

1) 친구의 고민은 무엇인가요?

2) 친구의 기분은 어떨까요?

3) 처방전을 만들어 보세요.

- ✤ 부록에 있는 스티커에서 친구에게 필요한 약을 고르세요.
- ✤ 고른 약이 친구에게 필요한 이유를 각각 써보세요.
- ✤ 친구가 약을 먹고 어떤 행동을 할지, 어떤 마음이 생길지 예측해서 써 보세요.
- ✤ 친구에게 하고 싶은 말을 써보세요.

마음 처방전

약사:

처방약 안내

스티커   스티커   스티커

🍀 약을 처방하는 이유 :

🍀 효능/효과

　　약을 먹으면

　　약을 먹으면

　　약을 먹으면

🍀 응원 한 마디

마음 처방전

17. 친구의 고민을 읽고 문제에 답하세요.

> 저는 자주 다치는 것이 고민입니다.
> 엄마는 저보고 덜렁이라고 불러요. 제가 맨날 집중을 안 하고
> 행동을 한대요. 걷다가 넘어지는 경우도 많고,
> 가위로 오리다가 다칠 때도 있어요. 저는 왜 이렇게 자주 다칠까요?
> 저도 안 다치고 잘 해내고 싶어요!

1) 친구의 고민은 무엇인가요?

2) 친구의 기분은 어떨까요?

3) 처방전을 만들어 보세요.

- 부록에 있는 스티커에서 친구에게 필요한 약을 고르세요.
- 고른 약이 친구에게 필요한 이유를 각각 써보세요.
- 친구가 약을 먹고 어떤 행동을 할지, 어떤 마음이 생길지 예측해서 써 보세요.
- 친구에게 하고 싶은 말을 써보세요.

마음 처방전

약사:

처방약 안내

| 스티커 | 스티커 | 스티커 |

✚ 약을 처방하는 이유 :
....

✚ 효능/효과

　　약을 먹으면
....

　　약을 먹으면
....

　　약을 먹으면
....

✚ 응원 한 마디
....

마음 처방전

18. 친구의 고민을 읽고 문제에 답하세요.

> 얼마 전 학교에서 자신의 꿈에 대해 발표하는 시간을 가졌어요.
> 다른 친구들은 선생님, 의사, 운동선수, 과학자 등 다양한 꿈이 있었어요.
> 그런데 저는 아무리 생각해도 뭐가 돼야 할지 모르겠어요.
> 꿈이 없다고 말하면 사람들이 이상하게 생각해요.
> 꿈이 없으면 안 되는 것일까요?

1) 친구의 고민은 무엇인가요?

2) 친구의 기분은 어떨까요?

3) 처방전을 만들어 보세요.

- 부록에 있는 스티커에서 친구에게 필요한 약을 고르세요.
- 고른 약이 친구에게 필요한 이유를 각각 써보세요.
- 친구가 약을 먹고 어떤 행동을 할지, 어떤 마음이 생길지 예측해서 써 보세요.
- 친구에게 하고 싶은 말을 써보세요.

마음 처방전

약사:

처방약 안내

　　　　스티커　　　　　　　스티커　　　　　　　스티커

✚ 약을 처방하는 이유 :

✚ 효능/효과

　　약을 먹으면

　　약을 먹으면

　　약을 먹으면

✚ 응원 한 마디

마음 처방전

19. 친구의 고민을 읽고 문제에 답하세요.

> 저는 동물을 너무 사랑해요. 특히 강아지를 정말 좋아해요.
> 집에서 강아지를 키우는 것이 제 소원인데,
> 부모님께 아무리 사정을 해도 들어주지 않아요.
> 어떻게 하면 부모님이 제 말을 들어주실까요?
> 정말 잘 키울 자신 있어요!

1) 친구의 고민은 무엇인가요?

2) 친구의 기분은 어떨까요?

3) 처방전을 만들어 보세요.

- 부록에 있는 스티커에서 친구에게 필요한 약을 고르세요.
- 고른 약이 친구에게 필요한 이유를 각각 써보세요.
- 친구가 약을 먹고 어떤 행동을 할지, 어떤 마음이 생길지 예측해서 써 보세요.
- 친구에게 하고 싶은 말을 써보세요.

마음 처방전

약사:

처방약 안내

스티커   스티커   스티커

♣ 약을 처방하는 이유 :
....

♣ 효능/효과
....
   약을 먹으면
   ....
   ....
   약을 먹으면
   ....
   ....
   약을 먹으면
   ....
   ....

♣ 응원 한 마디
....

마음 처방전

20. 친구의 고민을 읽고 문제에 답하세요.

> 저는 친구들과 놀 때 항상 제가 원하는 것이 아닌 다른 놀이를 하게 돼요.
> 친구들이 하고 싶은 걸 해주느라 제 의견을 말하지 못해요.
> 어떻게 해야 제가 하고 싶은 놀이도 함께 할 수 있을까요?
> 친구들이 저랑 안 놀아주면 어쩌죠?

1) 친구의 고민은 무엇인가요?

2) 친구의 기분은 어떨까요?

3) 처방전을 만들어 보세요.

- 부록에 있는 스티커에서 친구에게 필요한 약을 고르세요.
- 고른 약이 친구에게 필요한 이유를 각각 써보세요.
- 친구가 약을 먹고 어떤 행동을 할지, 어떤 마음이 생길지 예측해서 써 보세요.
- 친구에게 하고 싶은 말을 써보세요.

마음 처방전

약사:

처방약 안내

스티커　　　　스티커　　　　스티커

✤ 약을 처방하는 이유 :
　　　　　　　　　　..

✤ 효능/효과
　　약을 먹으면
　　　　　　　　　..

　　약을 먹으면
　　　　　　　　　..

　　약을 먹으면
　　　　　　　　　..

✤ 응원 한 마디
　　　　　　　　..

❝ 예시 답안 ❞

각 문제의 답은 사람과 상황에 따라 달라질 수 있습니다. 예시 답안은 참고용으로 활용해 주세요.

🐭 대화가 이상해

1. 1) ② 2) "몰라요"→"몰라", "네! 좋아요"→"그래. 좋아"

2. 1) ③ 2) (방향을 나타내는 표현을 넣으면 전부 정반응)"이쪽으로"→"앞으로" / "이쪽에서 쭉 저기로 가세요"→"앞으로 간 뒤 우회전하세요"

3. 1) ④ 2) "백화점에서 2시간이나 줄 서서 산 거야. 그러니까 같이 만들자!"→"그렇구나. 네가 하기 싫다면 어쩔 수 없지."

4. 1) ① 2) "야! 나 대신 청소 좀 해 줘."→ "혹시 나 대신 청소 좀 해줄 수 있을까?" / "그럼 너가 청소도 하고 숙제도 해! 그럼 됐지?"→"알겠어. 내가 청소할게"

5. 1) ④ 2) "엄마!! 이 책 좀 보세요. 저번에 동물원에서 봤던 족제비가 나와요!!"→ (작은 목소리로)"엄마, 이 책 좀 봐주세요. 저번에 동물원에서 봤던 족제비가 나와요."

6. 1) ② 2) "잠깐, 내 말부터 들어 봐."→ "미안, 네 말을 끊어서. 무슨 말 하려고 했어?"

7. 1) ③ 2) "…"→ "나는 집에서 쉬었어. 너는 뭐 했어?"

8. 1) ④ 2) "그런데 너는 힘이 약하잖아" → "경찰이 되려면 체력도 중요하지. 지금부터 운동을 열심히 하면 충분히 될 수 있을 거야." / "글쎄… 안 될 것 같은데…" → "그래, 열심히 노력하면 분명 될 수 있을 거야. 응원할게!"

9. 1) ② 2) "뭐가 무서워. 여기 귀신이 어디 있어" → "그랬구나. 무서웠겠다. 하지만 걱정하지 마. 여기엔 귀신이 없어." / "됐고, 어서 들어가서 자" → "무서웠겠지만 이제 괜찮아. 아빠가 옆에 있을 테니 안심하고 자렴."

10. 1) ① 2) "지금 주무시고 있어요."→"지금 자고 있어요" / "할머니 뭐해?" → "할머니 뭐 하세요?"

11. 1) ② **2)** (구체적인 2가지 예시를 제시하면 정반응) "이거랑 저거 중에 하나 고르자" → "축구와 농구 중에 어떤 운동을 할지 고르자"

12. 1) ① **2)** "안녕하세요" → "안녕히 계세요"

13. 1) ③ **2)** "동물원 갈래요" → "알겠어요. 주말까지 기다릴게요."

14. 1) ④ **2)** "그래. 그럼 수요일에 만나" → "그럼 목요일은 어때?"

15. 1) ① **2)** "커피" → "커피 주세요." / "응" → "네, 맞습니다."

16. 1) ② **2)** "아이씨. 말 걸지 마" → "미안해. 지금은 혼자 있고 싶어."

17. 1) ③ **2)** "하나도 안 어렵던데?" → "그랬구나. 나는 괜찮았는데, 어떤 부분이 어려웠어?"

18. 1) ④ **2)** "동생은 잘 계시지?" → "동생은 잘 지내니?"

19. 1) ① **2)** "다녀오겠습니다." → "안녕히 계세요."

20. 1) ③ **2)** "잠깐만요. 저는 버스보다 택시를 타야 한다고 생각합니다." → 말을 하지 않고, 상대방의 대화를 기다려야 한다.

21. 1) ④ **2)** "싫어요. 피자 먹을래요." → "생각해 보니 피자가 더 먹고 싶어졌어요. 피자로 바꿔도 될까요?"

22. 1) ③ **2)** "오늘 날씨가 엄청 좋네요." → "내일 9시까지 모이기로 했어요."

23. 1) ② **2)** "진짜 노답이네." → "정말 아쉽다."

24. 1) ① **2)** "글쎄, 갈 수도 있고 안 갈 수도 있고" → "아직 결정을 못 했어. 언제까지 말해야 돼?" / "잘 모르겠는데" → "지금 결정하기 어려운데, 조금만 더 시간을 줄 수 있어?"

단짠단짠 일기

1. 단 친구들이 칭찬해 준 것, 운동화가 다시 깨끗해진 것.
   짠 운동화가 더러워진 것.

2. 단 줄넘기를 100개 넘은 것, 아빠가 과자를 사주신 것.
   짠 엄마에게 혼난 것.

3. 단 친구들과 노래도 부르고 간식도 먹은 것, 정상에 올라간 것.
   짠 올라가는 길이 힘든 것.

4. 단 신호를 기다리지 않고 학교에 도착한 것.
   짠 급식에 싫어하는 음식이 나온 것.

5. 단 달리기 시합에서 1등 한 것, 피자를 먹은 것.
   짠 무릎을 다친 것.

6. 단 강아지를 집에 데려온 것.
   짠 강아지가 짖어서 잠을 못 잔 것.

7. 단 친구들이 응원해 준 것, 선생님께 칭찬받은 것.
   짠 노래 가사를 까먹은 것, 상을 못 받은 것.

8. 단 최신형 전기 버스를 탄 것.
   짠 눈앞에서 버스를 놓친 것, 버스를 20분이나 기다린 것.

9. 단 만화책을 산 것, 만화책을 찾은 것.
   짠 버스에 책을 두고 내린 것.

10. 단 맛있는 음식을 먹은 것, 용돈을 많이 받은 것, 아빠가 재미있는 이야기를 해준 것.
    짠 차가 막힌 것.

11. 단 상추를 수확한 것, 상추를 넣은 비빔밥이 맛있는 것.
    짠 상추가 찢어진 것.

12. 단 다음 주부터 방학을 하는 것, 읽어야 하는 책 중 대부분을 읽은 것.
    짠 여름방학이 짧은 것, 책을 읽어오는 방학 숙제가 있는 것.

13. 단 친구들에게 칭찬받은 것, 두 번째 사진은 제대로 찍은 것.
    짠 사진 찍을 때 눈을 감은 것.

14. 단 선생님이 피자를 시켜 주신 것, 좋아하는 고구마 피자를 먹은 것.
    짠 우산이 오는데 비가 오는 것, 집에 가지 못하고 학원에서 기다린 것.

15. 단 빌리려던 책이 남아있던 것, 사서 선생님이 책을 빌려준 것.
    짠 도서관 카드를 집에 두고 간 것.

16. 단 가족여행을 간 것, 펜션이 마음에 든 것, 일출이 아름다운 것.
    짠 맛집 문이 닫혀있어 못 간 것, 새벽 일찍 일어난 것.

17. 단 로봇이 다시 작동한 것, 선생님께 칭찬을 받은 것.
    짠 대회 직전 로봇이 고장 난 것, 차례가 지나 참가를 못한 것.

18. 단 축구 시합에서 이긴 것, 선생님께 혼나지 않은 것.
    짠 유리창을 깬 것.

19. 단 싹이 나온 것, 기념으로 사진을 찍은 것, 엄마가 기뻐한 것.
    짠 내 화분만 싹이 안 나온 것.

20. 단 김밥이 맛있다는 칭찬을 받은 것, 다람쥐를 본 것.
    짠 사진을 못 찍은 것, 가방에 음료수가 샌 것.

 뭐부터 할까?

정해진 시간에 해야 하는 일과 아무 때나 해도 되는 일을 구분하는 것은 사람마다 주관적인 판단에 따라 달라질 수 있어요. (예: 특정 시간에 식사를 규칙적으로 하는 가정이라면 정해진 시간에 해야 하는 일에 식사가 들어갈 수 있어요.)

1. 1-2-4-3
2. 3-1-4-2
3. 3-1-4-2
4. 2-4-1-3
5. 4-1-3-2
6. 2-3-4-1
7. 1-3-2-4
8. 2-4-3-1
9. 3-2-1-4
10. 3-2-4-1
11. 2-1-3-4
12. 1-4-3-2
13. 4-3-1-2
14. 1-2-4-3

 시간 가늠하기

사람마다 주관적인 판단에 따라 순서가 달라질 수 있어요.
평균적인 시간을 고려해서 답해보세요.

1. 1) ②　2) ① < ② < ③

2. 1) ②　2) ③ < ② < ①

3. 1) ①　2) ① < ② < ③

4. 1) ①　2) ③ < ① < ②

5. 1) ③　2) ③ < ① < ②

6. 1) ①　2) ① < ③ < ②

7. 1) ②　2) ② < ① < ③

8. 1) ②　2) ③ < ② < ①

9. 1) ①　2) ③ < ② < ①

10. 1) ②　2) ② < ③ < ①

11. 1) ③　2) ① < ③ < ②

12. 1) ②　2) ③ < ② < ①

13. 1) ①　2) ② < ③ < ①

14. 1) ③　2) ③ < ① < ②

15. 1) ③　2) ③ < ② < ①

16. 1) ①　2) ① < ③ < ②

17. 1) ②　2) ② < ① < ③

18. 1) ②　2) ② < ③ < ①

19. 1) ①　2) ① < ③ < ②

20. 1) ①　2) ① < ② < ③

질문하기

1. O　이유 이웃과의 소통은 중요하며, 아기의 나이를 묻는 것은 일반적인 대화의 일부입니다. 나이를 물어볼 때는 예의 바르게 물어보는 것이 좋습니다.

2. O　이유 수업 중 모르는 내용에 대해 질문하는 것은 학습에 도움이 되기 때문입니다.

3. X　이유 아빠가 일하고 계실 때 단어를 물어보는 것은 적절하지 않습니다. 대신 사전을 찾아보거나, 아빠가 일을 마치고 돌아오셨을 때 물어보는 것이 좋습니다.

4. X 이유 시험 시간에는 선생님께 답을 물어볼 수 없습니다. 시험의 공정성을 해치기 때문입니다.

5. O 이유 쉬는 시간에 친구와 방과 후 계획에 대해 이야기하는 것은 적절합니다.

6. O 이유 친구의 상태에 대해 걱정하고 물어보는 것은 친구를 배려하는 행동입니다. 하지만 친구가 말하기 불편해한다면 더 묻지 않아야 합니다.

7. X 이유 선생님의 급여에 대해 묻는 것은 사생활을 침해하는 행위이며, 예의에 어긋납니다.

8. X 이유 처음 만난 사람에게 집 주소를 물어보는 것은 개인정보 보호 측면에서 적절하지 않습니다. 서로를 더 잘 알게 된 후에 필요하다면 물어볼 수 있습니다.

9. O 이유 버스 안의 다른 승객이 방해가 되지 않는 목소리로 물어보는 것은 가능합니다. 하지만 외국인이 말하기 불편해한다면 더 묻지 않아야 합니다. (X라고 답하는 경우 : 모르는 사람의 개인적인 정보를 물어보는 것은 적절하지 않습니다)

10. O 이유 조별 과제를 위해 같은 조원의 연락처를 묻는 것은 적절합니다. 과제 수행을 위한 필요한 정보 교환입니다.

11. X 이유 집의 비밀번호는 매우 개인적인 정보이며, 보안상의 이유로 공유해서는 안 됩니다. 대신 친구에게 방문 시간을 알리고 문을 열어달라고 요청하는 것이 적절합니다.

12. O 이유 쉬고 있는 아빠에게 모르는 단어를 물어보는 것은 괜찮습니다. 아빠를 방해하지 않으며 학습에 도움을 받을 수 있기 때문입니다.

13. X 이유 늦은 밤에 친구에게 전화하는 것은 예의에 어긋납니다. 친구의 휴식 시간을 방해할 수 있으므로, 다음날 아침이나 적절한 시간에 물어보는 것이 좋습니다.

14. O 이유 버스 정보를 모르는 상황에서 다른 사람에게 물어보는 것은 적절합니다.

15. O 이유 길에 누워있는 할머니의 상태를 확인하는 것은 중요합니다. 할머니가 도움이 필요한 상황일 수 있으므로 물어봐야 합니다. 만약 내가 도울 수 없는 상황이라면 주변의 어른이나 경찰에게 도움을 요청하는 것이 적절합니다.

16. X 이유 학교에서 일어난 작은 문제를 해결하기 위해 엄마에게 전화하는 것은 적절하지 않습니다. 대신 선생님이나 급식 조리사께 도움을 요청하는 것이 좋습니다.

17. X 이유 무단횡단은 잘못된 행동이지만, 아이가 직접 나서서 지적하는 것은 적절하지 않습니다. 낯선 사람의 행동에 대해 직접적으로 질문하는 것은 위험할 수 있기 때문입니다.

18. O 이유 수업에 필요한 물건을 친구에게 빌리는 것은 일반적이고 적절한 행동입니다.

19. O 이유 친구의 새 물건에 관심을 보이고 정보를 묻는 것은 일반적인 대화의 일부입니다. 이는 친구와의 관계를 만드는 데 도움이 될 수 있습니다.

20. X 이유 길에서 우는 낯선 사람에게 직접 다가가 이유를 묻는 것은 위험할 수 있습니다. 대신 주변 어른에게 알리는 것이 더 안전하고 적절한 대응입니다.

21. X 이유 편의점에서 상품을 먼저 먹어보는 것은 적절하지 않습니다. 상품을 구매한 후에 먹어야 합니다.

22. O 이유 화장실 고장처럼 내가 해결할 수 없는 문제는 선생님께 알리고 도움을 요청하는 것이 적절합니다.

23. X 이유 강아지에게 직접 물어볼 수 없습니다. 강아지의 주인에게 물어보는 것이 적절합니다. 만약 주인이 나타나지 않는다면 주변 어른들에게 도움을 요청하거나 경찰서에 연락하는 것이 좋습니다.

24. X 이유 선생님의 키와 몸무게를 묻는 것은 개인적인 질문이며 예의에 어긋납니다.

25. O 이유 공공장소에서 다른 사람에게 피해를 주는 행동에 대해 정중하게 요청하는 것은 적절합니다.

26. X 이유 학교 시설물은 다 함께 사용하는 것입니다. 따라서 마음대로 집에 가져갈 수 없습니다.

27. O 이유 친구의 새로운 물건에 대해 관심을 보이고 질문하는 것은 일반적인 대화의 일부입니다.

28. O 이유 선생님이 가져오신 물건에 대해 궁금해하는 것은 자연스러운 반응이며, 공손하게 물어보는 것은 괜찮습니다.

29. X 이유 친구 가족의 개인적인 여행에 따라가는 것은 적절하지 않습니다.

30. O 이유 화장실에서 급한 상황이라면 다른 사람에게 도움을 요청하는 것은 괜찮습니다.

31. O 이유 친구의 음식을 함부로 먹는 것은 예의에 어긋날 수 있지만, 물어보는 것 자체는 괜찮습니다.
    나라면 친구에게 물어볼 것입니다. 만약 거절당하면 이해하고 받아들일 것입니다. 다음에는 배가 고플 것 같으면 미리 더 많이 받아올 것입니다.

32. X 이유 개인의 체취에 대해 직접적으로 물어보는 것은 상대방을 불편하게 할 수 있습니다.
    나라면 화장실에 가서 스스로 확인하고 필요하다면 물로 닦아낼 것입니다.

33. O 이유 가족 간에 필요한 물건을 빌리는 것은 일반적이고 적절합니다.
    나라면 동생에게 부탁하고, 통화가 끝나면 바로 돌려줄 것입니다.

34. X 이유 다른 사람의 옷을 바꾸자고 요청하는 것은 부적절합니다.
    나라면 원피스가 예쁘다고 칭찬하고, 어디서 샀는지 물어볼 것입니다.

35. O 이유 가족 간에 음식을 나누는 것은 일반적이며, 허락을 구하는 것은 예의 바른 행동입니다.
    나라면 동생에게 물어보고, 거절하면 이해하겠습니다.

36. X 이유 숙제를 베끼는 것은 부정행위이며, 이를 요청하는 것은 부적절합니다.
    나라면 숙제를 스스로 해보고, 모르는 부분은 지호에게 설명을 부탁할 것입니다.

37. O 이유 특별한 상황에서 선생님께 허락을 구하는 것은 적절합니다.
    나라면 선생님께 상황을 설명하고 허락을 구하겠습니다. 거절당하면 이해하고 따를 것입니다.

38. O 이유 결석으로 인해 놓친 숙제를 물어보는 것은 적절하고 책임감 있는 행동입니다.
    나라면 친구에게 물어보고 감사의 말을 전할 것입니다.

39. X 이유 작은 문제상황 때문에 학교를 마치지 않았는데, 집에 다녀오는 것은 부적절합니다.
    나라면 선생님께 상황을 설명하고 여분의 옷이 있는지 물어볼 것입니다.

40. O 이유 기다리는 동안 시간을 보내는 방법에 대해 부모님께 허락을 구하는 것은 적절합니다.
    나라면 엄마에게 물어보고, 거절당하면 다른 방법(책 읽기 등)을 제안할 것입니다.

41. X 이유 다른 학생의 공부할 권리를 침해하는 요청은 부적절합니다.
    나라면 선생님께 자리를 바꿔달라고 요청하거나, 앞자리 친구에게 조금만 옆으로 앉아달라고 부탁할 것입니다.

42. O 이유 친구에게 도움을 요청하는 것은 적절하며, 서로 돕는 것은 좋은 관계를 만들 수 있습니다.
    나라면 재용이에게 부탁하고, 거절당하면 직접 도서관에 가서 반납할 것입니다.

" 1권을 소개합니다 "

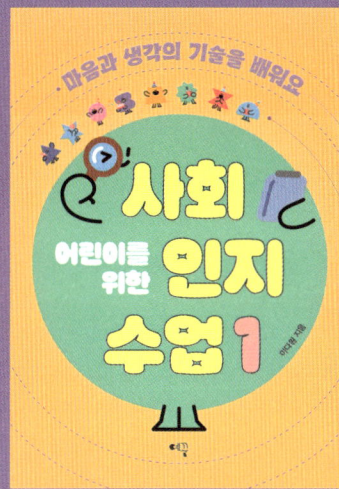

01 이유가 이상해

그림을 보고 이유를 추론하는 과제입니다. 본 과제를 통해 합리적으로 사고하고 판단하는 능력을 기를 수 있습니다. 나아가 다양한 가능성을 고려하고 타인의 행동을 이해하는 태도를 배울 수 있습니다.

 사회 인지   상황 분석   논리적 추론   비판적 사고

02 결과가 이상해

주어진 정보를 바탕으로 결론의 타당성을 판단하는 과제입니다. 특정 사례를 모든 경우에 적용하는 잘못된 일반화를 인식하고, 성별·나이 등에 대한 고정관념을 극복하는 방법을 배울 수 있습니다. 또한 주어진 정보를 무조건 수용하지 않고 비판적으로 분석하는 능력을 기를 수 있습니다.

 사회 인지   인과 관계 이해   논리적 사고력   일반화 오류 인식   고정관념 극복   비판적 사고

03 단어 수수께끼

대화의 흐름을 파악하고 적절한 단어를 추론하는 과제입니다. 일상생활에서 자주 사용되는 단어를 익히고 적절히 사용하도록 합니다. 대화의 상황을 정확히 이해하고 알맞은 단어를 추론하는 능력을 기를 수 있습니다.

 사회 인지   문맥 이해력   어휘 추론   상황 판단력

04 검색하기

주어진 상황과 관련 없는 정보를 판단하는 과제입니다. 일상생활에서 마주치는 다양한 상황에서 필요한 정보를 효과적으로 검색하고 활용하는 능력을 기를 수 있습니다.

 사회 인지   정보 검색   불필요한 정보 구별   상황 판단력

05 선택의 이유는?

글을 읽고 등장인물의 선택과 그 이유를 파악하는 과제입니다. 명시적으로 주어지지 않은 정보를 논리적으로 추론하는 능력을 기를 수 있습니다. 또한 다양한 가치 중 무엇을 중요하게 여기는지 생각해 보도록 합니다. 나아가 자신의 선택과 그 이유를 명확하게 표현하는 능력을 기를 수 있습니다.

 사회 인지   상황 분석   자기 표현력   논리적 추론   가치관 형성

06 판단하기

1) 진실과 거짓 판단 : 본 과제를 통해 일상에서 마주하는 다양한 진실과 거짓을 구별하는 능력을 기를 수 있습니다. 거짓말의 동기와 결과에 대해 생각해 보며 도덕적 판단력을 증진 시킬 수 있습니다.

2) 주장과 억지 판단 : 본 과제를 통해 다양한 주장들을 비판적으로 분석하고 판단하는 능력을 기를 수 있습니다. 또한 자신의 주장을 합리적으로 펼쳐 상대방을 설득하는 방법을 배울 수 있습니다.

3) 착한 거짓말과 나쁜 거짓말 판단 : 본 과제를 통해 거짓말의 복잡한 성격을 이해하고, 상황에 따라 적절한 판단을 내리는 능력을 기를 수 있습니다. 또한 사회적 관계에서 타인을 배려하는 의사소통 기술을 배울 수 있습니다.

4) 목표의 실현 가능성 판단 : 본 과제를 통해 문제 상황에서 합리적인 판단을 내리는 능력을 기를 수 있습니다. 더 나아가 자신의 행동과 결정이 가져올 결과를 예측하고 더 나은 선택을 하는 방법을 배울 수 있습니다.

 사회 인지   도덕적 판단   비판적 사고   거짓말 인식   현실적 목표 설정   협상 및 설득 기술

다원쌤의 책을 소개합니다

다원쌤은 언어발달 전문가로 현장에서 문해력이 부족한 아이들을 도와오고 있습니다. 다원쌤의 노하우를 듬뿍 담아 만든 이 책은 간단한 줄글부터 문단 수준까지 다양한 글의 형식을 통해 아이들이 기초부터 차근차근 문해력을 길러갈 수 있도록 돕습니다. 또한 차근차근 읽다 보면 유추하고 추론하는 사고력까지 함께 잡을 수 있습니다. 온라인 교육 자료로 많은 선생님들과 부모님들에게 사랑을 받고 있는 크리에이터, 다원쌤의 책을 예꿈에서 강력 추천합니다!

예꿈교육 카페 cafe.naver.com/jdreamchildren
블로그 jd_chidlren   인스타그램 @jd_children

초판 1쇄 2025. 6. 23.

지은이 이다원 | **그림** 송영훈 | **편집** 예꿈 편집부 | **디자인** 김재리 | **표지** studio JAM

발행처 예꿈교육 | **등록** 2015. 3. 2. 제25100-2015-000017호 | **주소** 서울특별시 금천구 가산디지털2로 98, 2동 1107호 | **카페** cafe.naver.com/jdreamchildren | **E-mail** jd_children@naver.com | **블로그** blog.naver.com/jd_chidlren | **인스타그램** @jd_children

ISBN 979-11-87624-25-7 (74370)
세트 ISBN 979-11-87624-23-3

ⓒ 예꿈교육, 2025
이 책은 저작권법에 의하여 보호를 받는 저작물이므로 무단 전재, 복제, 발췌를 금합니다.

품명 아동 도서 | **제조년월** 2025년 6월 23일 | **사용연령** 5세 이상 | **제조국명** 대한민국
제조자명 예꿈교육 | **주소** 서울특별시 금천구 가산디지털2로 98, 2동 1107호

부록-스티커

🍀 친구에게 필요한 약을 골라 처방전에 붙여보세요.

부록-스티커

◆ 친구에게 필요한 약을 골라 처방전에 붙여보세요.

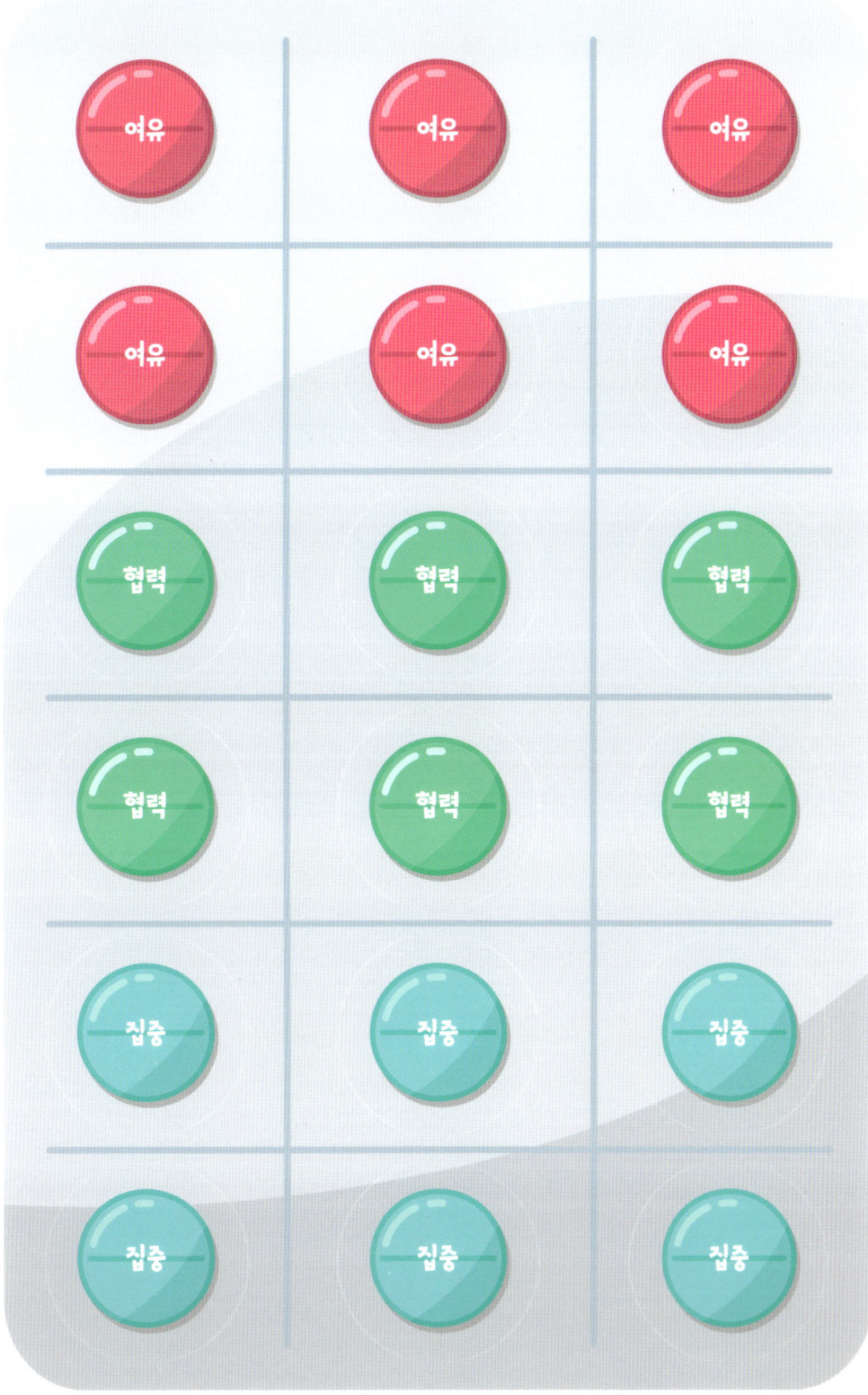

부록-스티커

❖ 친구에게 필요한 약을 골라 처방전에 붙여보세요.

부록-스티커

◆ 친구에게 필요한 약을 골라 처방전에 붙여보세요.

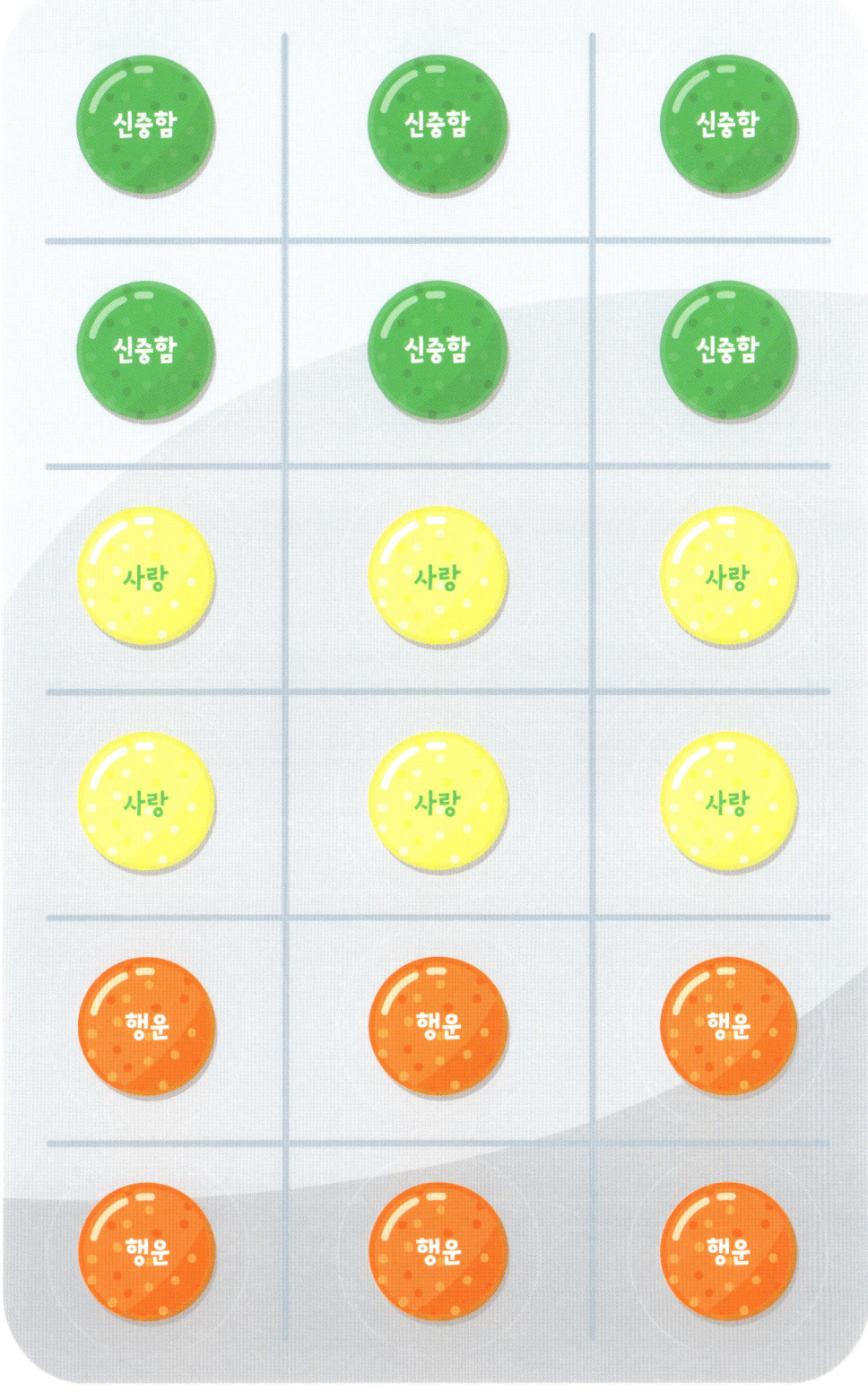

159

부록-스티커

◆ 친구에게 필요한 약을 골라 처방전에 붙여보세요.

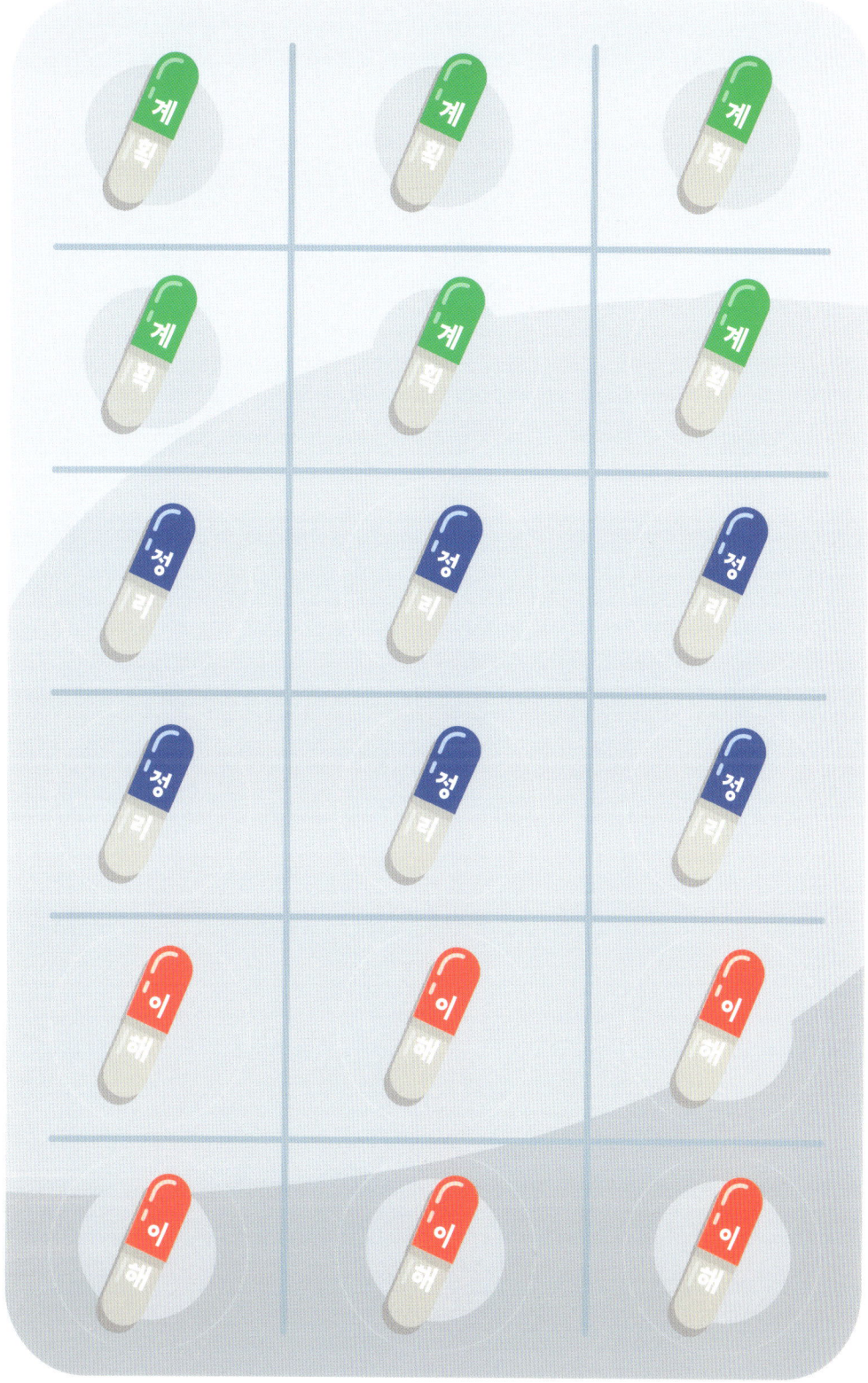

부록-스티커

◆ 빈칸에 약 이름을 자유롭게 쓰고, 친구에게 필요한 약을 처방해 주세요.

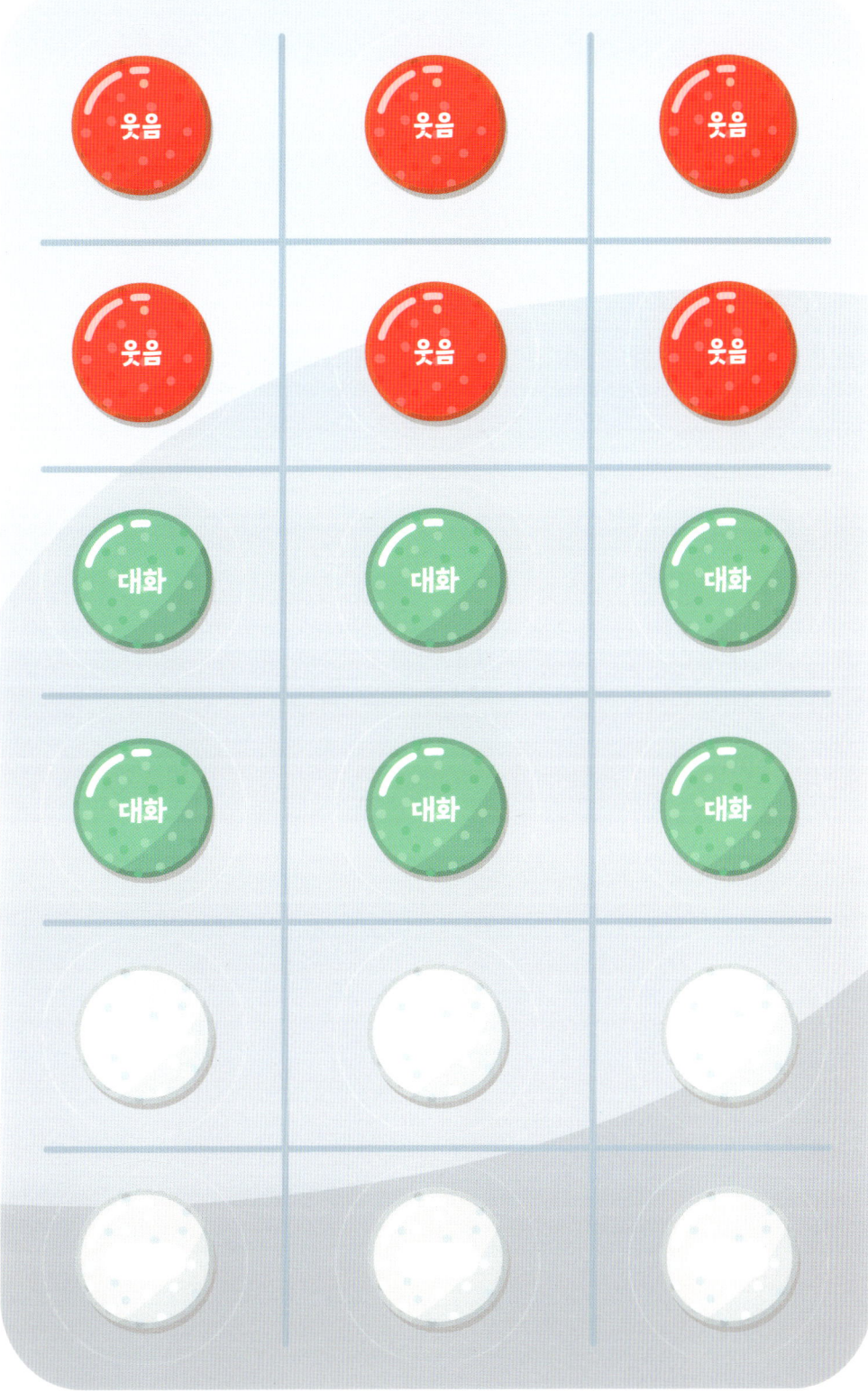

163